의사, 꿈이 현실이 될 때

의사, 꿈이 현실이 될 때

서울대 의대생의 고민 노트

1판 1쇄 발행 2024년 8월 5일

지은이　김규민

편집　이혜재
제작　세걸음

펴낸이　이혜재
펴낸곳　책폴
출판등록　제2021-000034호
전화　031-947-9390
팩스　0303-3447-9390
전자우편　jumping_books@naver.com

ISBN 979-11-93162-29-3 (03370)

너와 나, 작고 큰 꿈을 안고 책으로 폴짝 빠져드는 순간
책폴

블로그　blog.naver.com/jumping_books
인스타그램　@jumping_books

의사,
꿈이 현실이
될 때

김규민
지음

서울대 의대생의 고민 노트

의사라는
진로 선택에 관하여

✦

이승희
(서울의대 의학교육학교실 교수)

한 생명이 태어나고 그 생명이 세상에 어떤 꿈의 흔적을 남기며 살아갈지 선택하는 것은 의지의 문제일까요, 아니면 운명일까요. 어느 한쪽의 문제인 것 같지만 사실 그중 어느 하나가 아닐 수도 있습니다. 부모 밑에서 어떤 꿈을 꾸던 어린아이가 사춘기가 되어 자신의 정체성을 돌아볼 때, 그 꿈을 어떻게 이룰지 다양한 방식으로 고민합니다. 어떤 이는 일관된 꿈을 꾸며 미래를 향해 가지만, 또 어떤 이는 시시각각 변하는 꿈을 좇기도 합니다.

　대학 입시가 한 사람의 장래에 미치는 영향은 이루 말할 수 없습니다. 특히 우리나라 입시는 더 그렇습니다. 대학에서 어떤 전공을 선택하는지에 따라 장래 직업과의 연관성이 매우 크기 때문입니다. 직업은 단순히 경제적 수입을 얻는 수단이 아닙니다. 직업에 내포된 의미는 매우 다양합니다. 많은 교육학자들이 장래의 직업을 염두에 두고 대학에서 전공을 선택하라고 조언합니다. 그러나 현실에서는 그렇지 않은 경우가 많습니다. 긴 인생을 두고 보면 상당한 시행착오가 꼭 나쁜 것만이 아님에도, 우리는 시행착오를 겪을까 많이 두려워합니다. 그래서 진로를 선택할 때 가급적 신중을 기합니다.

대학에서 공부하는 전공과 연관성이 높은 직업을 선택하는 경우가 많습니다. 특히 의학을 공부하는 전공 분야는 더욱 그러합니다. 현재 의과대학에 재학 중인 저자는 이 책에서 자신이 진지하게 경험한 사례들을 바탕으로 의사가 되려는 후학들에게 전하고 싶은 마음을 절실히 소개합니다. 저자는 의학을 공부하는 많은 사람들 중의 한 사람에 불과하지만, 이 책이 의사가 되려는 사람들에게 전하고자 하는 메시지는 매우 강렬합니다.

좋은 의사는 단순히 진료를 잘하는 능력을 갖춘 의사를 의미하지 않습니다. 이왕 의사가 되려고 한다면 질병을 치료하는 의사이기보다는 사람을 치료하는 좋은 의사의 길로 가는 것을 기대합니다.

서울의대 강의실에서 펼쳐지는
지적 모험

✦

홍순범
(서울의대 정신과 교수)

지난 2022년, 저는 서울의대 교육상을 수상하게 되었습니다. 제가 이 상을 받은 이유는 아마도 정규 수업 외에 학생들과 소통하는 토론식 수업을 추가 개설하는 등 의대생을 교육하는 일에 조금 더 적극 참여했기 때문일 것입니다.

『의사, 꿈이 현실이 될 때』의 저자는 제가 수년간 지속한 토론식 수업에서 단연 기억에 남는 학생 중 하나입니다. 그 학생이 수업 중 제기하는 창의적이면서 때때로 도전적인 의문들은 제게 큰 즐거움이었습니다. 이미 책 몇 권을 출간한 저자이기도 한 그는, 이번에 또 한 권의 의미가 깊은 책으로 우리를 찾아왔습니다.

이 책을 읽으며 우리나라에 '정의' 열풍을 몰고 왔던 하버드대학교 마이클 샌델 교수의 『정의란 무엇인가』가 떠올랐습니다. 이 책은 마치 의과대학판 『정의란 무엇인가』라고 표현해도 결코 과하지 않을 듯합니다. 저자의 폭넓은 지식과 깊은 통찰이 가득하기 때문입니다.

이런 지식과 통찰은 지적인 능력에 용기가 더해질 때 나옵니다. 한 장 한 장 페이지를 넘기면서, 서울의대 강의실에서 지적으로 우수한 학생들과 토론할 때를 되새길 수 있었습니다. 『의사, 꿈이 현실이 될 때』를 읽는 동안 독자 여러분도 서울의대 강의실에서 펼쳐지는 지적 즐거움을 함께 느껴보면 좋겠습니다. 의사를 꿈꾸는 학생들, 의대를 지망하는 중·고등학생들은 물론 지적인 탐험을 즐기는 독자들이라면 시종 반짝이는 눈빛으로 흥미롭게 책장을 넘길 것이리라 확신합니다.

선배 의학도가 전하는
고민 노트

✦

김기범
(서울의대 소아과학교실 교수)

오래전 나의 의대생 시절을 돌아보게 만든 책이었습니다. 의대에 입학하여 무엇이든 할 수 있을 것 같았던 그때, 의사로서 살아갈 삶을 고민하며 썼던 일기장을 오랜만에 다시 들추어보았습니다. 30여 년이 지난 지금, 젊은 시절에 다짐했던 가치관을 모두 실현하고 있지는 못하지만, 그래도 그 다짐이 지금 내 삶의 토대가 되었다는 것을 느낍니다.

『의사, 꿈이 현실이 될 때』에는 저자의 의학과 인생에 대한 고민이 녹아 있습니다. 무엇보다, 다양한 선택의 기로에서 어떻게 가장 합리적인 선택을 해야 하는지에 관한 사색의 기준들이 담겨 있습니다. 선배 의학도로서 의대를 지망하는 학생들의 고민과 진로에 관해 방향을 알려주는 좋은 나침반이 되어줄 책입니다. 그리고 비단 의학도를 꿈꾸는 미래의 학생뿐 아니라 일반 독자들에게도 여러 의료 상황과 삶에 대한 이해의 폭을 넓혀줄 것입니다.

"의시는 선택의 권한을 지님과 동시에 선택을 해야만 하는 의무도 지니고 있으며 그 선택에 따른 결과도 짊어져야만 한다."

위 문장은 책을 꿰뚫는 무겁지만 중요한 테마입니다. 본문 전반에 흐르는 이 묵직한 주제는 환자의 생명 연장을 위해 의료 현장에서 애쓸 뿐만 아니라, 모든 환자가 빈부에 관계없이 공정하게 치료받을 수 있는 의료 시스템을 만들기 위해 의사가 가져야 하는 기본적인 소양에 관한 것입니다.

우리의 인생은 매 순간 선택의 연속으로 가득합니다. 저 역시 의사로 살아오면서 환자를 치료하는 과정 속에서 수많은 선택을 해왔지만, 여전히 그 선택에 어려움을 느낍니다. 저자는 이 책에서 의료적 선택이 요구되는 여러 상황에서 고려해야 하는 가치 판단의 근거들을 제시합니다. 의료 환경과 환자 및 가족의 가치관을 고려해서 결정을 내리는 과정은 저마다 다르고 쉽지 않음을 다각도의 사례를 통해 알려줍니다. 모든 의사는 좋은 결정을 내려가는 과정에 매우 많은 시행착오를 거칠 수 있습니다. 우리는 이 책을 통해 더 나은 선택을 위한 의학적 지식을 알아가는 것과 동시에 의사로서 사회·문화적이고 인문학적인 고민도 필요하다는 것을, 그리하여 의사로 살아가는 삶의 태도를 함께 바라보게 될 것입니다.

"의사는 직업이 아니다.
생명을 구하는 막중한 책임이다."

일러두기

- 맞춤법과 외래어 표기법은 국립국어원의 원칙에 따랐으며, 보조 용언은 붙여 쓰기를 하였습니다.
  또한 이미 널리 통용되는 표현일 경우 그대로 표기했습니다.
- 단행본·정기 간행물·신문은 『 』, 보고서·논문·단편 작품은 「 」, 방송 프로그램·사진·그림 작품은 〈 〉로 묶어 표기했습니다.
- 책에 등장하는 사례는 대부분 외국 의사 시험의 사례와 선배 의사로부터 들은 사례를 저자가 재구성한 것입니다.
  단체명이나 구체적으로 묘사한 사례는 저자가 논의의 편의와 딜레마 상황을 만들기 위해 각색하였습니다.
- 『의사, 꿈이 현실이 될 때』는 의료인문 교양 에세이로 집필하였습니다.
  따라서 이 책은 의학적 조언을 하지 않으며, 책 속 의학 정보 및 지식은 참고용입니다.
  만약 이에 대해 좀더 궁금한 점이 있다면, 전문 의료진의 조언을 구해야 합니다.

들어가는 말
고민으로의 초대

누구에게나 각자의 철학이 있다. 삶의 이유라든가 존재 가치의 본질, 혹은 죽음이란 무엇인가 같은 거창한 철학을 이야기하는 것이 아니다. 삶은 선택의 연속이기에 어느 길을 택할 것인가에 관한, 그러니까 당장 오늘도 수십 번이나 무의식중에 선택했을 수 있는 크고 작은 기로에 대한 이야기이다. 철학은 본디 어느 학문보다도 우리 삶과 가장 맞닿아 있기에 철학자가 아닌 나도, 당신도, 모두 각자의 철학을 가지고 있다.

철학은 타고나는 본성이 아니다. "엄마 말 잘 들어야지", "선생님 말씀 잘 들어야 착한 아이야", "길가에 쓰레기를 버리는 건 나빠", "도둑질하면 못써"와 같이 자라면서 듣는 주변의 말들에 의해 형성된다. 그러나 그게 전부는 아니다. 아무리 주변에서 이게 옳다, 저건 그르다, 말하더라도 우리 모두는 경험하고 느끼고 생각하는 인간이기에 '나'의 판단을 더해 결국 각자의 고유한 철학을 만들어간다.

그래서 누구의 철학도, 비판받을지언정 비난받아서는 안 된다. 세계 80억 인구가 가진 80억 개의 그 모든 철학은, 오랜 세월 동안 듣고 경험하고 고민하고 사유하여 내린 무수한 판단이 빚어낸 결과물이기에.

철학만큼이나 우리의 삶과 맞닿은 학문이 있다. 바로 의학이다. 대개의 분야에서 선택은 그리 큰 문제를 만들지 않는다. 아니, 문제를 만들더라도 보통 선택의 주체인 본인이 겸허히 책임지고 감내하면 된다. 이를테면 내일이 시험이지만 오늘 공부하지 않고 쉬기로 선택했다면, 이는 그저 그에 따른 결과를 스스로 감내하면 되는 문제다.

그러나 의학에서의 선택은 그리 간단한 문제가 아니다. 특히나 흰 가운을 입은 의사의 선택은 그 결과의 무게가 환자와 보호자에게 지워지는 경우가 많다. 그리고 그 부담은 간혹 '목숨'이 되기도 한다. 그리하여 앞서 '비판받을지언정 비난받아서는 안 된다'라고 선언했던 철학이지만, 간혹 그 철학의 주인이 의사일 때는 비난받기도 한다.

　이 책은 선악은 실존한다고 믿어왔던 한 어린 학생이 이제
는 의학도가 되어 현실을 바라보면서 시작된 고민의 흔적들을
담았다. 이 책을 읽는 동안, '옳고 그름'만큼이나 쉬운 건 없던
아이가 마주한 사례와 딜레마를 여러분도 함께 고민하며 이
아이의 생각에 일부 공감하고, 또 마음껏 반박하는 시간을 가
졌으면 한다. 물론 아직은 의학과 2학년을 막 끝낸, 아직 현장
에 나가보지도 못한 햇병아리 의학도일 뿐이니 허점도 있고
오류도 많을 것이다. 마음껏 반박하며 이 아이에게 깨달음을
안겨준다면 그보다 큰 선물이 있을까.

　의대생이 되어 의학을 공부하는 와중에 마주한 근원적 질
문을 크게 네 가지로 분류했다. 선악은 실존한다고 생각해왔
던 나의 믿음과 달리, 의대에서 공부하면서 좋고 나쁨, 옳고
그름을 판단하기 어려운 상황들이 정말 많았다. 이런 사례들
을 독자들과 나누며 '무엇이 선행인가?'(1, 2, 3장)에 대해 같이
고민하는 것이 첫 단계라 생각했다.

　무엇이 선행인지에 대해 각자 어느 정도 생각이 정립됐다
면 그다음으로는 그래서 '누구를 도울 것인가?'(4, 5장)를 고민

해야 한다. 모두에게 선행을 베푸는 것은 불가능하며, 오히려 때에 따라 그것은 폭력이 될 수도 있기에 누구를 도울 것인지가 두 번째로 해야 할 고민이다.

그렇게 무엇이 선행이고, 누구에게 선행을 행할 것인지에 대해 각자 답을 내렸다면 세 번째 고민은 '어떻게how?'다. 멀고도 가까운 의사와 환자의 관계와 그 관계에서 의료 행위가 이루어지는 상황에서의 고민들을 공유하며 무엇이 옳을지 생각해보는 것이 세 번째 질문, '어떻게 할 것인가?'(6, 7, 8장)이다.

마지막으로 삶과 죽음의 문제를 말하며 의사로서 몇 년 뒤에 마주하게 될지도 모르는 질문, '그래서, 결국 살릴 것인가?'(9, 10장)에 대해 생각해보려 한다.

어느 하나 쉬운 질문이 아니며 그 어떤 의문에 대해서도 객관적으로 실존하는 정답은 없다. 그러나 정답이 없다고 해서 고민하는 과정까지 무의미한 것은 절대 아니다. 아직 현장을 느껴보지 못했거나 여러분이 의료 종사자가 아니라고 하여 이러한 철학적 고민이 쓸모가 없는 것도 아니다. 어느 분야든 철학적 고민은 언제나 우리의 생각을 더욱 넓고 깊게 만들고, 보지 못했던 것을 볼 수 있게 하며, 하지 못했던 생각을 할 수 있게 해주기에. 그리고 더 나아가, 어쩌면 의학적 고민은 우리의 인생과도 가장 맞닿은, 삶과 죽음에 대한 생각이기에 누구에게나 이러한 고민이 필요하지 않을까.

　요즘 사회에서는 "의사가 될 거야!"보다 "의대에 갈 거야!" 하는 말이 더 자주 들리고, 뉴스에서도 '의사 열풍'이 아닌 '의대 열풍'이라는 단어가 더 자연스레 사용되곤 한다. 그러나 의대생이 종착지가 될 수는 없는 법. 의사가 아닌 의대생을 꿈꾸며 의대에 진학하더라도, 결국 모든 의대생은 의사가 되어야 한다. 그렇다면 의대생을 꿈꾸기 전에, 적어도 의사가 어떤 존재인지, 그들이 걸치는 흰 가운white coat의 의미는 무엇이며 그 어깨 위에는 어떤 책임이 얹혀 있을지 한 번쯤은 고민해봐야 하지 않을까.

　이에, 지구상에서 돈이 없어 치료를 포기해야만 하는 사람은 없게 하겠다는 꿈을 꾸며 의학도의 길을 걷기 시작한 내가, 의대생이 되어 마주한 다양한 고민의 지점들을 세상에 나누고자 이 책을 썼다. 가운을 걸치는 직업은 세 가지가 있다고들 한다. 바로 의사, 판사, 성직자다. 각자가 걸치는 가운의 의미는 모두 다르다. 판사라면 '정의'이고, 성직자라면 '대중과 신의 매개자'일 테며, 의사라면 '생명'이다.

의대에 진학하고자 하는 목표보다 더 중요할 수도 있을, 의사가 된 후 여러분이 걸치게 될 하얀 가운의 무게를 이 책을 통해 간접적으로나마 느낄 수 있기를 바란다. 이 책이 소개하는 여러 고민의 지점마다 잠시 멈춰 답을 내보기 위해 애쓴다면, 분명 책을 덮을 즈음에는 의대생이 되는 것 정도가 꿈이 될 수는 없다는 걸, 그러니까 의대에 진학하는 것보다 더 중요한 무언가가 있다는 사실 하나만큼은 분명 느낄 수 있을 것이다.

이 책은 고민에 대한 정답을 제시하지 않는다. 한 권으로 이 모든 질문에 대해 답을 내릴 수 있는 책은 단언컨대 존재하지 않을 것이다. 아니, 이 책은 오히려 당신에게 고민거리만 던질 수도 있다. 그렇지만 나는 이 책이 당신의 마음속에 고민의 불씨를 지피고, 책 한 권만큼 날카로워진 눈으로 일상의 틈새에서 문제를 발견할 수 있기를, 그런 문제의식을 주변과 나누며 '옳음'에 대해 함께 고민해보기를 바란다.

당장은 답이 없는 이 책 속의 질문에 지치고 피곤할 수도, 일상의 물결에 휩쓸려 물음표를 머릿속에서 지워버리고 싶은 충동이 들 수도 있을 것이다. 하지만 정답이 없는 세상에서 나의 답은 무엇일지 고민하는 것을 포기하지 않으면 좋겠다. 언젠가 당신에게도 이러한 고민의 순간이 예기치 않게 찾아왔을 때 당신의 마음속 등대가 될 수도 있기에. 철학은 특정 소수가 아닌 우리 모두의 학문이며, 고민하고 반박하는 만큼 생각이 넓어지고 깊어진다는 믿음으로 어렵게 쓴 이 책이 당신에게 물음표 하나 정도는 남길 수 있기를, 정답이 없는 세상에서 나의 답은 무엇일지 고민하는 불씨 하나 정도는 지필 수 있기를. 혹자에게는 당신과 비슷한 고민을 하는 누군가가 또 있다는 위로를 안겨줄 수 있기를.

어서 오세요,

생각을 일깨우고 사고력을 길러주는
깊고 넓은 고민의 세계에 오신 여러분을 환영합니다!

이 책은 선악은 실존한다고 믿어왔던 한 어린 학생이 의학도가 되어 현실을 바라보면서 시작된 고민의 흔적들을 담았습니다. 그간의 믿음과 달리, 의대에서 공부하면서 좋고 나쁨, 옳고 그름을 판단하기 어려운 상황들이 정말 많았습니다.

Part 1

☐ 의사가 지켜야 할 원칙이란 무엇일까?

☐ 의사가 선악을 판별해야 할까?

☐ 치료하지 않아도 될 사람이 있을까?

무엇이
선행인가?

Part 2

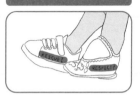

☐ 어디까지 문화로 존중해야 하지?

☐ 공평과 공정의 정확한 차이는?

☐ 건강은 누구의 책임이지?

누구를
도울 것인가?

Part 3

☐ 공감하는 의사 vs 무뚝뚝한 의사, 당신의 선택은?

☐ 의학 정보를 환자에게 모두 제공해야 할까?

☐ 고정관념에도 좋고 나쁨이 있을까?

어떻게
할 것인가?

Part 4

☐ 죽음은 악일까?

☐ 살리는 것만이 정답일까?

☐ 환자가 치료를 거부한다면 어떻게 해야 할까?

그래서, 결국
살릴 것인가?

그러나 고민에 대한 정답을 제시하는 책은 아닙니다. 일상의 틈새에서 문제를 발견하고, 그런 문제의식을 주변과 나누면 좋겠습니다. 의대를 진학하는 목표보다 더 중요할 수 있을, 의사가 된 후 여러분이 걸칠 하얀 가운의 무게를 간접적으로 느껴 보기를 바랍니다.

자, 이제부터 저와 함께 '고민'을 시작해볼까요?

"해를 끼치지 말라"
_<히포크라테스 선서>에서

Part 1

× 1 ×

의사가 지켜야 할
원칙은 무엇일까?

RESPECT FOR AUTONOMY

NONMALEFICENCE

BENEFICENCE

JUSTICE

의사가 지켜야 할 네 가지 원칙

임신 중인 아내와 열한 살 딸을 성폭행해, 아내는 유산하게 하고 딸은 대변줄을 평생 차게 하는 장애를 갖게 한 강간범이 사고로 수술을 받게 된다. 아내의 남편이자 딸의 아버지가 이 수술을 막기 위해 강간범의 수술이 진행되고 있는 수술실에 난입해, 한 의사를 인질로 잡는다. 당장 수술을 중지하지 않는다면 인질로 잡은 의사를 죽이겠다고 집도의(김사부)를 협박한다.

- SBS 드라마, <낭만닥터 김사부1>에서

막 의대생이 되어 본 TV 드라마 속 장면이다. 시청자를 분노하게 할 만한 아버지의 사연과 강간범의 생명이 걸린 일촉즉발의 상황은 내가 '의사'라는 직업에 대해 깊이 고민하게 된 계기가 됐다. 이 상황에서 가장 큰 문제는 아버지의 요구에 따라 강간범의 수술을 중지할 것인가, 아니면 아버지의 요구에 반해 강간범의 수술을 지속할 것인가이다.

아버지의 요구에 따라 강간범의 수술을 중지한다면 인질로 잡힌 의사가 풀려날 테지만 대신 강간범은 사망할 수도 있다. 그러나 만약 아버지의 요구에 반해 김사부가 강간범의 수술을 지속한다면 인질로 잡힌 의사의 목숨이 위태로울 것이고, 강간범은 수술을 받아 생명을 보전할 수도 있을 것이다. 즉 집도의의 선택에 따라 '인질로 잡힌 의사의 안전'과 '강간범의 생명'이 좌우되는 결과가 빚어진다.

이 결과들 간 충돌하는 가치를 분석해보자. 표면상으로는 '인질로 잡힌 의사의 안전'이 더 중요한지 아니면 '강간범의 생명'이 더 중요한지에 관한 문제다. 그렇지만 여기서 간과해서는 안 될 중요한 가치가 하나 더 있다. 바로 의사가 지켜야 하는 의료윤리 원칙이다. 잠시 이 의료윤리 원칙을 알아보자.

의대생이라면 누구나 〈의사가 지켜야 할 네 가지 의료윤리 원칙〉을 배운다. 의료윤리학자인 비첨T.L.Beauchamp과 기독교 윤리학자 차일드리스J.F.Childress가 1979년 출간한 『생명의료윤리의 원칙들Principles of Biomedical Ethics』에서 제안한 원칙들로, 바로 〈자율성 존중의 원칙 respect for autonomy〉, 〈해악 금지의 원칙 nonmaleficence〉, 〈선행의 원칙 beneficence〉, 〈정의의 원칙 justice〉이다. 이 네 가지 원칙에 대해 제대로 이야기하려면 그것만으로도 책 한 권이 나올 정도니, 최대한 간략하게 요약하고 생각해볼 문제를 제시해보려 한다.

—● 자율성 존중의 원칙

말 그대로 '환자의 자율성을 존중해야 한다'는 원칙이다. 그렇다면 '자율'이란 무엇일까? 자율이란, '스스로 자신을 다스림', 즉 '스스로 세운 계획에 따라 자유롭게 행동함'을 의미한다. 이 원칙은 철학자 칸트 Immanuel Kant의 의무론에 근간을 두는데, 이 또한 얘기하자면 끝도 없이 길어지므로 두 문장으로 간추리면 다음과 같다.

"누구나 각자 자신의 운명을 결정할 능력을 갖고 있다. 개인의 자율을 침해하는 것은 그 사람을 수단으로 다루는 것이며, 자신의 목적을 달성하기 위해서 다른 사람의 목적을 희생시켜서는 안 된다."

따라서 모든 환자는 자신의 건강 상태, 치료 방법 등에 따른 자율성을 존중받아야 한다는 것이 〈자율성 존중의 원칙〉이다. 그런데 사실 이 원칙은 비단 의사만 지켜야 하는 것이 아니라, 모든 사람이 지켜야 한다. 헌법상 기본권으로 자유권의 보장이 명시되어 있지 않은가. 의료 현장에서의 자유권 보장이 바로 〈자율성 존중의 원칙〉이다.

언뜻 단순해 보이는 원칙이지만, 현실에서는 쉽게 답하지 못하는 문제 상황들이 있다. 이를테면 '손가락이 잘린 환자가 손가락을 붙이는 수술을 받기 싫어한다면 이를 존중해서 의사는 환자를 치료하지 않고 내버려두어야 하는가?', '떡이 기도를 막아 숨을 못 쉬는 환자가 의사의 도움을 거부한다면(혹은 과거에 도움을 거부한다는 의사를 밝혔다면) 의사는 이를 존중해서 하임리히법(음식이나 이물질로 인하여 기도가 폐쇄, 질식할 위험이 있을 때 흉부에 강한 압력을 주어 토해내게 하는 방법)을 하지 않고 그냥 두어야 하는가?', '한쪽 폐만 갖고 살고 싶다며 멀쩡한 폐 한쪽을 떼어달라고 요구하는 환자가 있다면, 자율성을 존중해서 의사는 멀쩡한 환자의 폐 한쪽을 떼어내야 하는가?'와 같은 상황들이 그렇다. 어디까지 자율성을 존중하고 어디서부터는 자율성을 존중하지 않아야 할지, 그 기준은 상당히 모호하다.

─● 해악 금지의 원칙

이 또한 말 그대로 환자에게 해악이 되는 행위를 해선 안 된다는 원칙이다. 의사가 아니라도 한 번쯤 들어봤을 수도 있는, 유명한 말 "Do No Harm(해를 끼치지 말라)"이 뜻하는 바이기도 하다. 이 원칙은 서양의학의 선구자 히포크라테스Hippocrates가 의사의 본분과 의료윤리를 명시한 〈히포크라테스 선서〉에 근간을 두는데, 선서의 내용 중 "나는 나의 능력과 판단에 따라 병든 자를 돕는 데에 의술을 사용하고 환자에게 해악을 입히거나 환자가 잘못되는 데에 의술을 절대 사용하지 않겠다"라는 문장이 이 원칙을 대변한다.

이 원칙 또한 고민해봐야 할 문제 상황이 있다. 이를테면 직업이 모델인 화상 환자가 얼굴과 몸이 예전의 모습으로 못 돌아갈 것 같고 이는 죽는 것보다 더 괴로운 일이므로 자신을 치료하지 말라고 요구하지만, 이 환자를 치료하지 않고 내버려둔다면 사망할 것이 명확히 예견된다고 가정해보자. 환자의 요구에 따라 치료하지 않는다면 환자에게 '사망'이라는 해악을 주고, 만약 환자의 요구에 반해 화상 치료를 한다면 앞으로 환자에게 '죽는 것보다 더 괴로운 심적 고통'이라는 해악을 끼치는 셈이 된다. 이렇게 어느 쪽을 선택하든 '해악'인 상황에서 의사는 대체 어떤 판단을 해야 〈해악 금지의 원칙〉을 위배하지 않을 수 있을까?

─● 선행의 원칙

〈선행의 원칙〉은 〈해악 금지의 원칙〉에 비해 더 적극적인 행동을 요구한다. '타인에게 선을 베풀고 안녕과 복지에 기여하라'는 도덕적 요구를 의미하며, 구체적인 예시들로는 '타인의 권리를 보호하고 옹호하라', '타인에게 해가 발생하지 않도록 하라', '타인에게 해가 야기될 조건을 제거하라', '장애가 있는 사람을 도와라', '위험에 처한 사람을 구하라' 등이 있다.

이 원칙은 인류애에 기초한 의료윤리이며 동시에 의료의 존재 이유와도 의미가 맞닿아 있다. 애초에 자신에게 찾아온 환자의 건강 증진을 위해 의료 행위를 하는 것이 의료의 본질인 이유가 바로 이 〈선행의 원칙〉이다. 그러나 〈선행의 원칙〉 또한 고민해봐야 할 부분이 있다.

첫째는 〈자율성 존중의 원칙〉과의 충돌이다. 선행을 하기 위해서는 환자의 건강에 간섭해야 하는데, 만약 환자가 이를 거부하는 의사를 표했다면 의사는 환자의 자율성을 무시하고서 선행을 해야 하는가, 아니면 환자의 자율성을 존중하여 선행을 하지 말아야 하는가? 둘째는 보다 근본적으로 "무엇이 선행인가?"라는 물음이다. 이를테면 앞서 살펴본 〈낭만닥터 김사부〉의 사례처럼, 아내를 유산시키고 딸아이에게 성폭력을 가한 사람을 치료하는 것은 선행일까? 만약 아니라면, 강간범이 사망하도록 내버려두는 것은 과연 선행일까?

─● 정의의 원칙

네 가지 의료윤리의 원칙 중 마지막이다. 이름부터 어마어마하다. 〈정의의 원칙〉이라니, 그 어느 누가 정의로움을 추구하지 않고 싶겠는가. 그러나 의료윤리에서 〈정의의 원칙〉이 의미하는 바는 단순한 정의로움이 아니라 분배의 정의, 즉 '공정하고 평등하게 적절히 분배해야 한다'는 원칙을 의미한다. 잘 나가다가 갑자기 '분배'라니, 무슨 뜻일까? 이 원칙의 배경에는 '의료 자원의 유한성'이 깔려 있다.

의료 인력, 연구 자본, 의료 기구 등의 의료 자원은 본디 무한하지 않은데, 의료에 대한 수요는 자원의 공급을 상회한다. 따라서 누구에게, 누구부터 자원을 분배할 것인가는 언제나 큰 고민거리다. 의학은 과학의 한 분야이지만, 호기심에서 시작되는 과학과는 달리 의학은 '죽음'에서 시작되기에, 〈정의의 원칙〉은 '누구를 살리고 누구를 포기할 것인가'라는 질문과도 맞닿아 있다.

모든 의료윤리의 근간이 되는 덕 윤리

위에서 살펴본 네 가지 윤리 원칙은 아마 전 세계에서 의대생이라면 누구나 배우는 개념일 것이다. 따라서 '무조건 이 네 가지 원칙을 따라야만 하고, 만약 위배되는 행위를 한다면 그것은 틀린 것'이라고 생각하는 사람들이 많다.

하지만 만약 이 네 가지 원칙이 절대 불가결한, 그러니까 어딘가에 실존하기에 누구도 그것의 존재를 반박할 수 없는, 이를테면 '물은 수소 원자 두 개와 산소 원자 한 개로 구성된다'와 같은 자연의 진리였다면 이에 대해 고민할 필요조차 없을 것이다. 그렇지만 앞서 네 가지 원칙을 소개하며 함께 제시한 고민들처럼, 각각의 원칙은 그렇게 칼로 베듯 딱 떨어지는 개념이 아니다.

물론 네 가지 원칙 모두 그 의도와 취지에는 몹시 공감하며, 전부 다 좋은 얘기라는 건 잘 알겠다. 하지만 네 가지 원칙

간 충돌이 빚어지는 상황은 얼마든지 존재하며, 애초에 '선행'이란 무엇이고 '해악'이란 무엇이며 '정의'란 무엇이고 어디까지가 '자율성'인가와 같이 각각의 원칙을 명확히 규정하는 것부터도 정말 어렵다.

따라서 네 가지 윤리 원칙이 마치 자연의 진리처럼 어딘가에 태초부터 실존하고 있었을 것이라는 기대를 품고 있다면 그 생각부터 내려놓자. 이 윤리 원칙은 태초부터 어딘가에 실존하는 개념이었고 그것을 누군가 발견한 것이 아니라, 앞서 말했듯 비첨과 차일드리스가 50년 전에 낸 책에서 규정하고 있는 개념일 뿐이니 말이다.

잠깐, 50년 전에서야 그런 네 가지 윤리 원칙이 제시됐다면, 그 이전까지는 윤리 원칙 없이 의사들이 의료 행위를 했을까? 아니다. 그때는 현대사회에서 부르는 윤리 원칙이라는 것이 없었지만, 대신 고대 그리스의 아리스토텔레스로부터 시작된 덕 윤리에 기반을 둔 의료가 이루어졌다.

덕 윤리란 '행위'가 아니라 '행위자의 덕'을 중심으로 봐야 한다는 철학으로, 현대 의료윤리에 접근하는 근간이 되는 자세다. 하나하나의 개별 행위로 옳고 그름, 선악을 판별하는 식의 윤리가 아니라 종합적인 행위자, 즉 그 사람이 얼마나 덕을 갖추고 있는지에 초점을 두는 이 윤리는 개별 행동 방침을 글이나 문서로 나타내는 것은 불가하며 대신 미덕을 갖춘 군자가 되어야 한다는 믿음을 갖는다.

정확하고 구체적인 것을 좋아하는 나로서는 이런 덕 윤리의 의미가 대단히 모호하게 느껴졌다. 비첨과 차일드리스도 비슷한 생각을 했는지, 책에서 아리스토텔레스의 덕 윤리에서의 '덕'을 더 구체화해 의료인에게 중요한 덕을 다섯 가지로 나열했다.

첫째, 연민compassion이다. 타인의 고통이나 괴로움, 불행에 대해 의사는 공감하며 자비의 마음으로 이를 줄여주고자 해야 한다. 둘째, 분별discernment이다. 의사는 통찰과 이해를 바탕으로 판단하고 행위해야 한다. 셋째, 신뢰성trustworthiness이다. 의사라면 그의 성품과 가치를 믿을 만해야 하며, 올바른 동기에서 도덕적 규범에 따라 최선의 행위를 한다고 믿을 만해야 한다. 넷째는 인격의 온전성integrity이다. 의사는 도덕규범을 준수하고, 도덕적 성품이 통합적으로 갖추어져 있어야 한다. 마지막은 양심conscientiousness이다. 자기반성을 통해 의사는 늘 양심적 행위와 판단을 해야 한다는 것이다.

연민, 분별, 신뢰성, 인격의 온전성, 양심으로 구체화된 다섯 가지의 '덕'만 가지면 아리스토텔레스가 말했던 '미덕을 갖춘 군자'가 되는 것은 절대 아닐 테지만, 그래도 이렇게 구체화해놓으니, 모호하기만 했던 '미덕'이란 개념을 조금이나마 이해하는 데 도움이 된다.

바로 이 덕 윤리가 앞서 제시한 네 가지 윤리 원칙의 근간이 되는 개념이자 자세다. 의사가 가져야 할 성품의 본질이라고도 볼 수 있다. 그렇기에 단순히 네 가지 윤리 원칙만을 기계적으로 따르기 위해 행동하는 데 그칠 것이 아니라 겉으로 보이는 행위를 넘어 덕을 갖춘 존재, 즉 '군자'가 되기 위해 노력해야 한다는 생각을 가지고 있으면, 정답에 도달하지는 못할지언정 적어도 오답에 도달하지는 않을 것이다.

자, 이렇게 네 가지 의료윤리의 원칙들과 그 근간이 되는 자세인 덕 윤리까지 알아보았으니 이제 다시 본 논의로 돌아가 드라마 속 김사부는 어떤 딜레마 상황에 놓였으며, 거기에는 어떤 가치가 충돌하고 있는지 조금 더 살펴보자.

김사부의 딜레마

수술실에서 아버지는 한 의사를 인질로 잡고 자신의 가족에게
폭력을 가한 강간범의 수술을 중단하라고 요구한다. 김사부에
게 주어진 선택지는 두 가지다. 아버지의 요구에 따라 강간범
의 수술을 중지할 것인가, 아니면 그의 요구에 반해 수술을 지
속할 것인가. 즉 충돌하는 가치를 문제화하면 이렇다.

> "인질로 잡힌 의사와 강간범, 둘 중 누구의 생명이 더 중요한가?"

앞서 의료윤리의 네 가지 원칙을 알았으니, 이 원칙을 동원
해 충돌하는 가치를 더 구체화하자. 〈해악 금지의 원칙〉에 따
르면 의사는 환자에게 사망 등의 해악을 끼쳐서는 안 된다고
했다. 따라서 〈해악 금지의 원칙〉을 위배하지 않기 위해서는
강간범을 치료하는 것이 옳아 보인다. 그러나 이는 강간범을
'환자'로 바라보았을 때의 이야기인데, 문제는 이 상황에서
환자가 강간범만 있지는 않아 보인다는 것이다.

드라마에서 강간범은 칼에 찔려 응급실에 실려 왔다. 따라
서 강간범은 신체적 외상 환자다. 그러나 간과해서는 안 되는

지점이 있는데, 질환은 신체에 국한되지 않는다는 것이다. 외상에는 신체적인 외상도 있지만 분명 정신적인 외상도 있다. 이를 심적외상psychological trauma이라 하는데, 지금은 꽤나 많이 알려진 단어인 외상 후 스트레스장애PTSD에서 말하는 외상이 바로 이 '정신적 외상'이다.

아버지의 정신 상태를 대사와 표정만으로 진단할 수는 없지만, 우리는 충분히 아버지가 정신적 외상을 입었다고 볼 수 있다. 특히 정신적 외상은 그 정의상 본인이 직접 경험하지 않았더라도, 두려운 사건을 목격하거나 경험담을 듣는 것만으로도 충분히 발생할 수 있으므로, 아버지가 정신적 외상을 입은 환자가 아니라고 말하기는 어렵다.

자, 그렇다면 현 상황에서 김사부가 〈해악 금지의 원칙〉을 위배하지 않기 위해서 수술을 강행한다면 이는 어쩌면 아버지에게 '고통'이라는 또 다른 해악을 끼치는 것은 아닐까? 어느 쪽을 택하든 누군가에게는 사망, 혹은 고통이라는 해악을 끼칠 수밖에 없는, 그러니까 다시 말해 〈해악 금지의 원칙〉을 지키려야 지킬 수 없는 상황에 놓인 것이라 해석할 수 있다.

이 문제에 대한 답으로 혹자는 '사망'과 '고통'의 경중을 비교하며, "수술하지 않아서 발생하는 강간범의 사망과 수술함으로써 발생하는 아버지의 고통 중에서는 사망이 더 중한 해악이기 때문에 이를 방지하는 것이 그나마 차악次惡이다" 하고 말할 수 있을 것이다. 이 주장도 충분히 일리가 있다. 뒤에서 자세히 다룰 기회가 있겠지만, 특히 우리나라는 생명에 절대 불가결한 가치를 매기는 사회이기에 사망이 고통보다는 더 무거운 가치를 지닌다는 데에 많이들 동의할 수도 있다. 또 혹자는 이와 반대로, 아버지가 느낄 고통의 중함을 강간범의 사망보다 더 크게 책정해볼 수도 있을 것이다. 혹은 '강간범의 생명은 가치가 없다'는 다소 과격한 주장을 펼칠 수도 있다.

과연 김사부는 어떤 선택을 했을까? 여러분이 내린 판단과 김사부의 판단을 비교하며, 김사부의 판단에 어느 정도 공감하고 어디를 비판하고 싶은지 함께 고민해보자.

김사부의 선택

김사부는 수술을 지속하기로 결정했다. 결정의 근거는 "수술을 하지 않음으로써 이 환자에게 벌을 줄 권한이 나에게 없기 때문"이었다. 김사부는 아버지에게 이렇게 말한다.

"그쪽 사연이 가슴 아프지만, 나 이 환자 포기할 수 없어요. 나한 텐 그럴 권한이 없어요. 나는 판사도, 법관도 아니거든. 그러니까 죗값을 받아내든 벌을 주든, 내 수술 다 끝난 다음에 그렇게 하세요. (중략) 이제 내 수술은 다 끝났어. 지금부터 당신이 알아서 해. 가서 죽이든가 살리든가. 지금 저 상태로는 산다 해도 척추신경이 손상돼서 평생 불구로 살 확률이 아주 높아. 걷지도 못할 거고, 지 몸으로 똥오줌도 못 눌 거고. 살아도 사는 게 아닐 거요 아마. 그런데도, 굳이 저런 놈 때문에 살인범이 되겠다면, 할 수 없지 뭐. 대신에, 당신은 또 아주 많은 걸 잃게 될 거야. 당신 딸아이가 여고생이 되는 것도, 대학생이 되는 것도 못 볼 거고. (중략) 오케이…. 우리가 할 일은 여기까지. 이제 당신이 하고 싶은 대로 해. 자, 다들 밖으로 나가. (아버지를 보며) 무엇을 택하든 당신 선택이겠지만, 그 선택 때문에 당신 가족들까지 잃지 않길 바라요."

김사부가 내린 선택의 근거인 '권한의 부족'에 대해 혹자는 고개를 끄덕일 것이고, 혹자는 이렇게 반문할 수 있다. "그럼 만약 상벌을 줄 수 있는 권한까지 의사가 갖고 있었다면, 김사부 당신은 수술을 지속하지 않아서 결과적으로 강간범에게 벌을 줄 수도 있었다는 뜻인데, 과연 의사가 그래도 되는 가? 강간을 했으니 사망해도 된다는 식의 가치관을 가진 사람을 보고 과연 덕 윤리에서 말한 '덕이 있는 군자'라 말할 수 있을까?" 이 질문에 '당연히 그렇다'고 답하는 이도 충분히 있을 수 있다. 그건 각자의 판단이다.

혹은, 김사부의 판단 자체는 좋았지만 수술 이후에 김사부가 보인 행동을 비판할 수도 있다. 수술이 끝난 이후 흉기를 든 괴한(아버지)과 회복해야 할 환자(강간범)를 한 공간에 두고 수술실에서 나갔으니, 이는 환자를 위험에 빠뜨리고서 외면한 것, 즉 〈해악 금지의 원칙〉을 위배한 것이라고 말이다.

그러나 김사부가 아예 '나 몰라라' 한 것이 아니라, 살인을 저지른다면 그가 잃어버릴 것들에 대해 다시 상기해주었으므로 아버지가 살인을 저지르지 않을 것이라는 확신을 가졌기에 그런 행동을 했다는 주장도 충분히 가능하다. 정답은 없다. 그렇지만 이처럼 김사부의 판단을 평가하고 비판하며, 무엇이 가장 현명한 선택이었을지 각자의 답을 내리자는 것이다.

자, 그럼 이제 직접 답해보자. 아내와 딸을 성폭행한 강간범을 수술하지 말라며 흉기를 든 아버지의 요구, 독자 여러분이라면 받아들일 것인가?

의사가 선악을 판별해야 할까?

선악을 판별하는 '판별의 눈'은 존재할까? 어릴 적의 나는 자신 있게 '그렇다!'라고 답했다. 나에게 선악이라는 건 서로 다른 상자 두 개였고, 나는 그저 사람과 상황을 두 상자 중 하나에 골라 담으면 되는 것이라 생각했다. 그러나 의학도가 되어 다시 바라보니, 사실 선악은 칼같이 나뉘지 않을 수도 있겠다는 결론에 다다랐다.

　누군가에게 자신의 남편을 죽인 군인은 '악'이지만, 자신의 남편이 사실 히틀러의 최측근이었다면, 그를 죽인 군인은 누군가에게는 '선'이 된다. 환자를 살리는 건 '선'이지만, 이제는 생을 마감하고 싶었는데 의사가 자신을 살렸다면 그 의사는 '악'이 된다. 암을 진단받아 울고 있는 환자 곁을 오랫동안 지켜주는 의사는 '선'이지만, 진료실 문 앞에서 그 오랜 위로의 시간을 기다리는 그다음 환자들에게 그 의사는 '악'일 수도 있다. 이처럼 이 세상의 모든 '선'은 동시에 누군가에게는 '악'일 수 있다. 따라서 함부로 누군가를 '악'이라 못 박듯 규정하는 건 어쩌면 코끼리 다리만을 본 채 "이건 기둥이야!" 하고 말하는 셈이지 않을까.

위의 예시를 듣고서도 혹자는 선악은 분명히 존재하지만, 다만 그 기준이 상대적이기에 사람마다 누구를 선으로, 누구를 악으로 규정할지의 차이만 있을 뿐이라 주장할 수도 있다. 이 주장도 충분히 일리가 있다. 그러나 적어도 의학도에게, 의사에게 선악은 애초에 '없어야만' 할지도 모른다.

그 어떤 희대의 악인이라 할지라도, 그는 악인이기 이전에 인간이기에 언제든지 '환자'로 의사를 찾아올 수 있다. 만약 그런 환자를 마주했을 때, 의사는 "나는 환자를 위해 내 의무를 다하는 데 있어 나이, 질병, 장애, 교리, 인종, 성별, 국적, 정당, 종족, 성적 지향, 사회적 지위 등에 따른 차별을 하지 않는다"라는 의사로서 윤리적으로 지켜야 하는 사항이 나열된 〈제네바 선언〉에 따라 그를 다른 여타 환자들과 차별하지 않아야만 한다.

물론 〈제네바 선언〉에서는 행동으로 드러나는 측면의 차별만을 하지 말라고 했지, 눈에 보이지 않는 마음까지 규정하지는 않았다. 그렇지만 차별은 인지적 측면인 '나쁜 고정관념'과 감정적 측면인 '편견'에 기인하므로(차별과 고정관념, 편견에 관해서는 〈8장〉을 참고할 것), 이 선언을 단순히 행동적 차별만을 하지 말라고 해석하기보다는 인지적 측면의 나쁜 고정관념과 감정적인 편견을 갖지 말라고 해석하는 것이 적절할 것이다.

즉, 그 어떤 희대의 악인이 찾아오든, 심지어 가족을 살해한 살인범이 환자로 나(의사)를 찾아올지라도 나는 다른 여타 다른 환자를 대하는 마음과 단 하나도 다르지 않은 생각과 감정으로 그 환자(악인)를 따뜻한 사랑으로 보듬고 보호하며 치료해야만 한다.

여기서 주의해야 할 지점은, 단순히 보듬는 척을 한다거나, 속으로 참을 인(忍)을 무수히 그리며 '나는 저 사람을 다른 환자와 똑같이 대해야 하느니라…' 하는 자기최면을 거는 것은 절대 올바른 방법이 아니라는 것이다. 의사라면 진심에서 우러나온 따뜻한 사랑으로 환자를 보듬어야 하지, 나쁜 고정관념과 편견을 가지고서, 혹은 〈제네바 선언〉을 위배하지 않기 위해 그저 차별하지 않고 보듬는 척만 한다면 그는 의사가 아니라 배우로 전향해야 할 것이다.

따라서 적어도 의사, 의학도에게는 선악이 '없어야만' 할지도 모른다. 만약 선악의 개념이 존재한다면, 의사는 이 사회의 누군가에게 '악인'이라는 이름표를 부여할 것이고, 이 행위는 다시 말해 그를 다른 환자들과 다르게 생각하고 편견을 가진 채 차별을 하겠다는 의지의 표방이 될 테니 말이다. 혹은 편견은 가졌지만 엄청난 연기 실력을 뽐내며 마치 배우가 된 듯이 차별을 하지 않는 척을 하겠다는 의지의 표방이 될 수도 있다. 어느 쪽이든 적절치 않다.

"그렇다면 어떻게 범죄자나 히틀러, 테러 집단의 수장과 같은 소위 '악인'에게 인지적, 감정적, 행동적 차이를 두지 않고서 다른 환자들과 똑같은 마음으로 따뜻하게 보듬을 수 있나요?"

어려운 질문이다. 소위 '악인'이라 불리는 사람들을 사랑하기 위한 유일하고 핵심적인 방법은 바로 '이해'다. 누군가를 깊게 이해하게 되면 우리는 그 존재를 사랑할 수 있다. 즉 악인이라 불리는 사람들을 다른 환자들과 마찬가지로 따뜻한 사랑에 기반해 보듬기 위해서는 그를 이해해야만 한다.

무수한 가능성이 열렸을 때, 사람들은 자신이 이해하기 편한 쪽으로 생각하는 경향이 있다. 가령 '차 안에 아기를 두고 내려서 3개월 된 아기가 죽었다'는 뉴스를 들었다면 곧장 "그 부모는 자식을 사랑하지 않는 나쁜 사람이군"이라고 한다거나, 커닝하다 들킨 학생이 있다면 "양심도 없는 나쁜 놈. 인성이 바닥이군"이라 생각하는 식이다. 그러나 대체 세상 어떤 부모가 자식을 사랑하지 않을 수 있으며, 당장 수능 시험만 하더라도 "12년간의 학창 시절을 어떻게 단 몇 시간의 시험만으로 평가할 수 있겠느냐" 하는 비판의 목소리가 있는데, 3초 남짓의 시간에 벌어진 일만으로 내려버린 "양심과 인성이 바닥"이라는 평가가 올바를 리도 없다.

따라서 무엇보다 먼저, 함부로 타인의 상황에 대해 내가 생각하기 편한 대로 규정하는 사고방식을 버려야 한다. 섣불리 그랬다간 문제의 본질을 제대로 보지 못하는 경우가 너무나 많을 테니 말이다. 대신, 상황 자체를 최대한 이해하기 위해 노력해보라. 이를테면 '차 안에 아기를 두고 내릴 수밖에 없었던 상황이 있지는 않았을까?', '학생이 커닝을 한 이유는 무엇일까?'라는 질문을 던져보는 식이다.

현실은 전래동화가 아니기에 절대적 악인이나 선인 같은 건 없다. 그러니 겉으로 드러난 상황만 보고 내가 생각하기 편한 대로 규정하기보다는, 마음을 열고 선악의 개념을 허물어 그를 이해하기 위해 노력해보는 건 어떨까.

"나는 인종, 종교, 국적, 정당·정파, 또는
사회적 지위 여하를 초월하여 오직 환자에 대한 나의 의무를 지키겠노라."
_<제네바 선언>에서

Part 1

2

소와 양, 무엇이 더 중요한가?

이양역지: 소를 양으로 바꾸다

『맹자』「양혜왕」에 이런 이야기가 나온다.

인자하기로 소문난 제나라 선왕이 소를 끌고 가는 사람을 보고는 "그 소를 어디로 끌고 가는가?" 하고 물었다. 그 사람이 "예. 전하. 흔종釁鐘에 쓰려고 합니다" 하고 대답했다. '흔종'이란 종을 제작할 때 마지막 단계에서 소를 죽여 그 피를 바르는 의식을 말한다. 그런데 그 소가 자신이 죽게 될 것이라는 걸 알았는지 눈물을 흘리며 끌려가고 있는 것이 아닌가. 선왕은 그 모습이 너무 애처로워 그 사람에게 즉시 소를 놓아주라고 명하면서 소 대신 양으로 흔종의 의식을 치르라고 했다.

선왕은 소가 벌벌 떨며 사지로 나아가는 것을 차마 보지 못하는 마음에 양으로 바꾸라고 했다. '아니, 그럼 양은 안 불쌍한가?' 이 이야기를 읽으며 나는 이런 생각이 들었다. 맹자는 이런 의문에 대해 다음과 같이 들려준다.

(선왕께서 소를 양으로 대체하신 까닭은) 소는 보았으나 양은 보지 않았기 때문입니다. 군자는 살아 있는 짐승을 보면 그것이 죽는 것을 보지 못하고, 소리를 들으면 그 고기를 먹지 못합니다.

'본 것'과 '보지 못한 것'으로 인해 관계가 형성됐기 때문이라는 것이다. 선왕이 소가 벌벌 떨며 사지로 나아가는 것을 보았으나, 양은 보지 않았기에 소를 불쌍히 여겨 양으로 대체했다는 이 논리는 내 고민의 시작이 되기에 충분했다. '본 것과 보지 못한 것으로서 관계를 맺어 둘 중 하나에 더 높은 가치를 부여하는 이양역지以羊易之(소를 양으로 바꾼다)의 자세는 과연 윤리적으로 타당한가?'

이 질문을 조금만 더 구체화하자. 본 것과 보지 못한 것으로 맺는 관계라는 것은 무엇일까? 어떤 관계라고 한 단어로 정의하기는 어려울지라도 확실한 사실은 '봄'으로써 그 존재와의 심리적 거리가 가까워졌다는 것이다. 즉, 선왕은 소를 '봄'으로써 소와 심적으로 친밀해진 관계가 되었다. 그럼 양은 어떠한가? 선왕은 양을 보지 않았으므로 양과는 심적으로 거리감이 있는 관계, 즉 소원疏遠한 관계라 말할 수 있다. 따라서 이 질문을 조금만 더 정리하자면 이렇게 바꾸어 말할 수 있다.

"친소 관계|親疏關係(친하거나 소원한 관계)에 의거한 가치판단은 윤리적으로 타당한가?"

이 질문에 대해 맹자는 "그것이 바로 인을 실행하는 방법입니다(是乃仁術也)"라고 말한다. 즉 맹자는 '봄'으로써 관계가 맺어지며 이를 근거로 가치판단을 하는 것이야말로 바로 인仁이라 명확하게 답을 내린 것이다. 그러나 맹자의 입장에 대해 나는 또 의문이 들었다. '정말 이게 옳은가?'

'친소 관계에 의거한 가치판단'이라는 어려운 단어를 사용했지만 쉽게 풀어 말하자면 '친하면 더 중요하게 여기고 덜 친하면 덜 중요하게 여기는 자세' 정도가 된다. 그리고 바로 이런 자세가 현대사회 많은 갈등의 근본적 원인일 수도 있지 않을까 싶었다.

우리 모두는 크고 작은 다양한 사회의 구성원이다. 크게는 대한민국의 국민, 아니 더 크게는 지구의 호모 사피엔스라는 사회의 일원이고 작게는 한 가족의 구성원이다. 사회의 크기는 무엇을 기준으로 규정하느냐에 따라 무수히 달라질 수 있는데, 성별을 기준으로 나는 남성이며 장애의 여부를 기준으로 나는 비장애인이고 거주하는 환경을 기준으로 나는 월셋집 거주자다. 거주 지역을 기준으로 서울 시민이고 나이를 기준으로 20대 중반, 학력을 기준으로는 대학생이다.

우리는 자신이 속한 사회에 높은 친밀감을 느끼고 자신이 속하지 않은 사회에 대해서는 소원함을 느낀다. 따라서 만약 친소 관계에 의거해 가치판단을 한다면 자신이 속한 사회에 높은 가치를 부여하고, 그렇지 않은 사회에 낮은 가치를 부여하게 된다. 이 때문에 우리가 살아가는 사회에서는 타 집단을 소외시키고 차별을 두어 생기는 다양한 갈등이 빚어지는 것 아닐까?

이를테면 '남성'에 더 높은 가치를 부여하면 성별 갈등이, '비장애인'에 더 높은 가치를 부여하면 장애인에 대한 인권 침해가, '서울 시민'에 더 높은 가치를 부여하면 지역 간 불평등의 심화가, '20대 중반'에 더 높은 가치를 부여하면 세대 간 갈등이 빚어지는 식이다. 그리고 조금만 더 큰 사회로 나아가 보면 '대한민국'에 더 높은 가치를 부여하면 국가 간 갈등이 빚어질 테고, 가장 큰 사회로 '호모 사피엔스'에 더 높은 가치를 부여하면 다른 종을 평가절하하는 종차별주의(어떤 종에 속한 개체가 다른 종에 속한 개체보다 더 우위에 있거나 열등하다고 판단하는 것)에 도달할 것이다.

이렇듯 친소 관계에 의거한 가치판단은 사회 내, 사회 간 갈등이 빚어지는 근본적인 원인인데, 이것을 인仁이라 판단하는 맹자의 철학에 고개를 끄덕이기 힘들었다. 오히려 맹자가 틀린 것이고, 친소 관계에 의거한 가치판단은 확실한 악이기에 이 자세를 최대한 배제한 채 객관적이고 중립적인 눈을 지키는 것이 선이라 생각해왔다. 적어도 대학생이 되기 전까지는 말이다.

한 외과 의사의 딜레마

사례

나는 이 동네의 유일한 외과 의사다. 새벽 2시, 7층 우리 집 창문을 통해 강도가 들어왔다. 내 남편은 강도에 저항하다가 강도가 휘두른 칼에 찔려 그 자리에서 즉사했다. 범행 후 강도는 도망치려다 창문에서 발을 헛디뎌 7층에서 추락해 심한 외상을 입었고, 응급 수술을 하지 않으면 곧 사망할 것이 예견된다.

이에 나는 강도를 수술[한다/하지 않는]다.

위 사례를 보자. 이 동네의 유일한 외과 의사로서, 응급 수술을 하지 않으면 곧 사망할 것이 확실한 이 강도(환자)를 어떻게 하겠는가? 친소 관계에 의거한 가치판단은 절대적 '악'이라 생각해왔던 나에게 이 사건은 단순하면서도 복잡하게 다가왔다. 단순하게 생각한다면 의사의 본분은 환자를 살리는 것이니, 강도를 살리는 방향이 우선 옳은 것이라는 판단이 쉽게 선다. 그러나 정말 눈앞에서 남편을 죽인 강도를 나는 살릴 수 있을까? 마취되어 수술대 위에 있는 강도를, 순수하게 의사 대 환자로 바라볼 수 있을까? 사랑하는 남편을 죽인 사람을, 다른 여타 환자처럼 사랑하고 공감하며 품고 보듬는 자세로 대한다고? 생각만 해도 참 어렵다.

그러나 적어도 "내가 너를 어떻게든 살려서 법정에 세워, 남은 평생을 고통받게 해주겠어!" 하는 복수심으로 그에게 최상의 의술을 펼칠 수는 있을 것이다. 이런 자세라면, 비록 동기는 비판할 수 있을지언정 최선을 다해 치료한 행위만큼은 비판하기 어려워 보인다. 따라서 이렇게 치료했다면 적어도 행동으로서는 최선을 다한 것이다. 즉 이번 사례는 올바른 동기를 내재화한 채 실천하는 것이 어려울 뿐, 그래도 윤리적으로는 올바른 정답이 존재한다고 생각된다. 물론 언제나 내가 생각하지 못한 측면이 더 있을 수 있으니 꼭 각자 고민을 이어가기를 바란다.

그러면 조금 더 생각해볼 만한, 이번 사례와 비슷하면서도 사뭇 다른 다음 사례로 넘어가자.

사례

나는 이 동네의 유일한 외과 의사다. 새벽 2시, 7층 우리 집 창문을 통해 강도가 들어왔다. 내 남편은 강도에 저항하다가 강도가 휘두른 칼에 배를 찔려 당장 응급 수술을 하지 않으면 곧 사망할 것이 예견된다. 범행 후 강도는 도망치려다 창문에서 발을 헛디뎌 7층에서 추락해 심한 외상을 입었고, 응급 수술을 하지 않으면 곧 사망할 것이 예견된다.

이에 나는 강도를 수술[한다/하지 않는]다.

앞의 사례와 비슷하지만 밑줄 친 부분만 상황이 다르다. 이번에는 남편과 강도 모두 지금 당장 응급 수술을 시행하지 않으면 사망할 것이 확실한 상황이다. 그러니까 앞의 사례가 '강

도를 살릴 것인가 말 것인가'의 문제였다면 이번에는 '둘 중 누구를 살릴 것인가'의 문제다. 이 동네의 유일한 외과 의사로서 당신은 어떤 선택을 내리겠는가? 내가 정말 이런 상황에 처했다면 과연 나는 둘 중 누구를 살릴 것인가?

솔직히 이번에는 너무나 쉽게 '남편을 살리겠다'는 선택을 내렸다. 그러나 선택의 이유를 설명하려 하는 순간 말문이 턱 막혔다. 강도는 남편을 다치게 했고 남편은 내가 사랑하는 사람이니 당연히 남편을 살려야겠다고 생각한 것이다. 그리고 이런 생각을 조금만 더 풀어 설명하자면 강도의 생명보다 남편의 생명에 더 높은 가치를 부여한 것이고, 그렇게 가치를 달리 부여한 까닭은 남편은 내가 사랑하는 사람이고 강도는 사랑하는 이를 다치게 한 사람이기 때문이다.

즉, 나는 지금까지 절대 악이라고만 생각했던 '친소 관계에 의거한 가치판단'을 나도 모르는 새 시행하고 있던 것이다. 남편은 사랑하는 사람이기에 친한 관계이고, 강도는 남편을 다치게 한 사람이기에 소원한 관계이므로 남편의 생명에 더 높은 가치를 부여한 나의 선택이 너무나 자연스럽게 생각되었지만, 내면에서 이 판단에 대한 여러 비판도 함께 떠올랐다.

가장 근본적으로 생명의 경중은 저울질할 수 없다는, 오래

전부터 진리처럼 배워온 생명윤리에 정면으로 부딪친다. 종, 성별, 사회 집단 등에 무관하게 모든 생명은 소중하며 그들 간 가치는 동등하기에 그 경중을 저울질할 수 없다고 배워왔는데, 나는 남편과 강도의 생명 간 경중을 저울질하며 판단한 것이 아닌가.

앞서 말했듯 〈제네바 선언〉에는 '나는 환자를 위해 내 의무를 다하는 데 있어 나이, 질병, 장애, 교리, 인종, 성별, 국적, 정당, 종족, 성적 지향, 사회적 지위 등에 따른 차별을 하지 않는다'라는 문장이 있다. 나열된 조건에 범죄를 저질렀는지의 여부는 없지만, 문맥상 '어떤 환자든 차별하지 않겠다'라고 이해하는 것이 자연스러울 것이다. 따라서 강도가 남편을 해쳤기 때문에 강도의 생명보다 남편의 생명을 우선하는 선택을 내린다면, 이는 〈제네바 선언〉에 위배되는 자세를 근거로 한 판단이기에 윤리적으로 비판받아 마땅하다.

그리고 무엇보다 앞서 보았듯 친소 관계에 의거한 가치판단은 온갖 사회 갈등을 빚을 수 있고, 만일 이런 판단이 의료 현장에서 적용되기 시작한다면 의사와 친분을 가진 쪽이 의료 서비스에 더 높은 접근성을 가질 수 있다. 이를테면 의사와 친하다는 이유로 진료 일정이 앞당겨진다든가, 수술을 먼저 받게 된다든가, 한정된 개수의 약이 있을 때 먼저 약을 받는다든가 하는 식으로 말이다.

"아니, 그러면 남편과 강도 중 한 명밖에 못 살리는 상황에서 대체 어떻게 판단하란 말이야?" 하고 다시 질문하는 목소리가 여기서도 들린다. 이에 대해 모두가 고개를 끄덕이도록 만들 만한 답은 이렇다.

의사로서 환자 간 우선순위를 매기는 유일하고 절대적인 근거는 언제나 '위중한 순서'다. 따라서 남편과 강도 중 한 명밖에 못 살리는 상황이기는 하나, 그래도 두 사람이 완벽하게 동일한 외상을 입은 것은 아니기에 그 위중한 정도에는 차이가 있을 것이다. 이를테면 간단한 응급처치만으로 시간을 조금은 벌 수 있는 상태인지, 당장 수술실에 들어가지 않으면 몇 분 내에 사망할 상태인지 등이 근거이지 않을까 싶다.

그렇지만 현실은 언제나 이론보다 복잡한 법. 만약 강도가 더 위중하다고 판단해서 강도를 먼저 수술하기로 결정했다 하더라도 수술 도중에 남편의 상황이 점점 더 악화되어 사망하는 상황도 충분히 발생할 수 있다. 예를 들면 강도는 수술하지 않고 2시간을, 남편은 3시간을 버틸 수 있는 상태지만, 강도를 수술하는 데 4시간이 소요된다고 가정해보자. 더 위중한 상태는 강도지만 강도를 수술하기 위해 4시간을 소요한다면 남편은 사망할 것이 분명하다.

만약 이렇게 강도를 치료하다가 남편이 사망하는 상황이 발생하더라도 과연 나는 윤리적으로 떳떳하고 정당한가? '강도를 살리려다 남편을 죽인 아내'라 비난받을 수도 있지 않을까? 꼭 누군가의 비난이 아니더라도 과연 나 스스로가 어떠한 죄책감도 없이, 정당하고 떳떳할 수 있을까?

혹은, 의학적으로 위중한 정도를 판단하려고 했지만 남편과 강도 모두 동일하게 위중하다는 판단이 설 수도 있다. 물론 이 사례에서는 남편은 칼에 찔린 외상이고 강도는 추락으로 인한 외상이기에 그 종류에 차이가 있지만, 두 사람 모두 위중함이 동일한 상황은 충분히 상상해볼 수 있다. 이렇게 위중한 정도에 차이가 없다면, 이제는 대체 무엇을 근거로 판단해야 할까?

죽어 마땅한 존재가 있을까?

친소 관계에 의거한 가치판단은 절대적인 악이라 믿어왔지만 위 사례를 마주하고서 그리 간단하지만은 않을 수도 있겠다는 생각이 들었다. 흔히 성범죄, 살인, 사기 등의 범죄를 저지른 이가 보도된 뉴스의 댓글을 보면 '누가 저 XX 좀 죽여라', '나가 죽어', '저런 놈은 감옥에서 테러당해야 하는데', '둔기로 뚝배기 맞고 즉사했으면 훈훈할 텐데' 등과 같은 글로 도배되어 있다. 당장 내가 든 예시들도 전부 실제로 있는 댓글을 그대로 가져온 것이다.

이런 말의 근간에는 '범죄자는 사망해도 마땅하다'라는 논리가 깔려 있다. 대부분의 사람들은 어떠한 범죄도 저지르지 않았기에 비非범죄자의 입장이다. 범죄의 대상이 될 가능성, 그러니까 피해자가 될 가능성을 지니고 있기에 해당 범죄의 피해자와 심적 관계를 가깝게 느껴 그를 위해 눈물 흘리고 함께 분노한다. 따라서 범죄자는 사망해도 마땅하다는 판단의 근거를 설명하자면 범죄자는 나와 친소 관계상 소원한 관계고, 그 피해자는 친한 관계이므로, 즉 '친소 관계에 의거한 가치판단'의 결과인 것이다.

나는 지금껏, 앞서 보았던 다양한 이유로 이렇게 친소 관계에 의거해 가치판단을 하는 자세는 윤리적으로 비판받아 마땅하다고 생각해왔다. 바로 이런 자세 때문에 온갖 사회적 갈등이 빚어지기 때문이다. 그러나 이번 사례를 마주한 후로, 친소 관계에 의거한 가치판단은 어쩌면, 어쩔 수 없는 인간의 본능일지도 모르겠다는 생각이 들었다. 어쩌면 모든 인간은 전부 친소 관계에 의거해 가치판단을 하기 때문에, 소 대신 양을 제물로 바치라고 한 선왕을 윤리적으로 비판할 수 있는 사람은 없을 수도 있겠다는 생각도 든다. 그리하여 나는 선왕의 판단을 더욱 깊게 이해해보기 위한 고민을 시작하게 됐다.

'본다'는 행위가 갖는 의미는 무엇일까? 동의할지 모르겠으나 본다는 건 오감 중 가장 중요한 감각이라 해도 과하지 않다. 우리가 무언가를 인지할 때 가장 의지하고 가장 먼저 근거를 찾게 되는 감각이 바로 '시각'이다. 옛말에도 '몸이 천 냥이면 눈이 구백 냥'이란 말이 있을 정도로 본다는 행위는 소리를 듣고 냄새를 맡고 맛을 느끼고 만지는 것을 다 합친 것보다도 어쩌면 더 중요한 부분을 차지하고 있을지 모른다.

특히나 관계를 맺는 데 있어 '본다'는 행위는 그 중요성이 더욱 커진다. 관계를 맺기 위해서는 감정을 공유하는 것이 핵심이다. 상대의 감정을 가장 쉽고 직관적으로 읽을 수 있는 근거는 목소리의 어조나 높낮이가 아니라 바로 표정이다. '봄'으로써 감정이 공유되면 그때부터 우리는 그 존재에 대해 공감을 시작한다. 공감이란, 말뜻 그대로 감정을 함께 느끼는 것을 의미하는데, 공감이 시작된다는 것은 다시 말해 앎이 더는 앎에서 머무르지 않고 삶의 영역으로 넘어왔음을 의미한다.

이를테면 누군가의 집에 도둑이 들어서 피해자가 슬퍼하고 있다는 사실을 단순히 뉴스를 통해 전달받았다면 이는 '앎'의 수준에 머무를 뿐이다. 하지만 만약 슬퍼하고 있는 이와 대면하여 그의 표정을 바라본다면 그 순간 우리도 함께 그 슬픔을 느끼는 '공감'을 경험하고, 이제 그 슬픔은 허공을 떠도는 공허한 '앎'이 아니라 살아 숨 쉬는 '삶'이 된다. 아무리 슬픈 영화라 할지라도 단지 그 줄거리만 읽는다면 눈물이 나지 않지만, 생생한 표정을 한 배우의 연기를 직접 보면 눈물이 흐르는 것은 바로 그 때문이 아닐까.

친소 관계에 의한 가치판단은 악일까?

선왕은 소를 '봄'으로 인해 감정의 공유가 이루어져 소에게 공감했고, 한쪽 방향이었을지라도 이렇게 감정의 공유로 인해 이루어진 관계는 어쩌면 '친소 관계에 의거한 가치판단은 악이니까 해선 안 돼!'라는 문장 하나로 무시해선 안 될지 모른다. 바로 이러한 감정의 공유가 인간의 무리 생활을 가능하게 만들었고 호모 사피엔스가 전 지구적으로 번성하게 된 핵심 요소일지 모르기에. 즉 '감정의 공유를 통한 관계 맺음'과 '이 집단을 우선시하여, 소원한 관계의 타 집단으로부터 이 집단을 보호하는 본성'이 유전자 수준에 새겨져 있을지 모르기에 이를 단순히 악으로 치부하는 것이 정답은 아닐 수도 있겠다는 이야기다.

그렇다고 하여 맹자가 선왕의 자세를 보고 '이것이 바로 인_仁입니다'라고 말한 것처럼, 친소 관계에 의거한 가치판단이 바로 '선'이므로 이를 적극적으로 실천하자는 이야기는 절대로 아니다. 앞서 보았듯 친소 관계에 의거한 가치판단을 의료 현장에 적용하는 것이 정당화된다면 이로 인해 의료의 보편성은 손상될 것이고, 의사와 소원한 관계에 있는 환자는 상대적으로 후순위가 되어 꼭 필요한 의료 서비스를 못 받는 사태가 발생할 수 있으니 말이다. 그저 친소 관계에 의거해 가치판단을 하는 자세를 절대적 '악'이라 치부할 수만은 없어 보이며, 따라서 판단의 순간이 왔을 때 어쩌면 함께 고려해볼 가치가 있는 요소일 수도 있겠다고 말하고 싶다.

어느 정도의 수준까지를 의료 현장에서 허용할지는 자신의 선택이 될 것이다. 친소 관계에 의거한 가치판단은 어쩔 수 없으니 그냥 허용해야 할지, 혹은 친소 관계를 맺는 건 어쩔 수 없지만 이에 근거해 가치판단까지 해선 안 되는 것일지, 아니면 아예 친소 관계 자체를 맺으면 안 되고 모든 존재를 동등하게 대하는 것이 옳을지 말이다.

"범죄자는 사망해도 마땅한가? 나와 친한 관계에 있는 자는 소원한 관계에 있는 자보다 우선되어도 괜찮은가? 사망해도 마땅한 존재가 있을까?"

『맹자』의 소와 양에 대한 이야기부터 시작해 이어진 일련의 질문들을 같이 고민하고 마찬가지로 각자의 답을 내렸으면 한다. 자신은 지금껏 친소 관계에 의거해 가치판단을 해왔는지, 의사는 어디까지 친소 관계에 의거해 가치판단을 내려도 괜찮을지, 그리고 과연 나라면 배우자를 죽인 강도를 살릴 것인지.

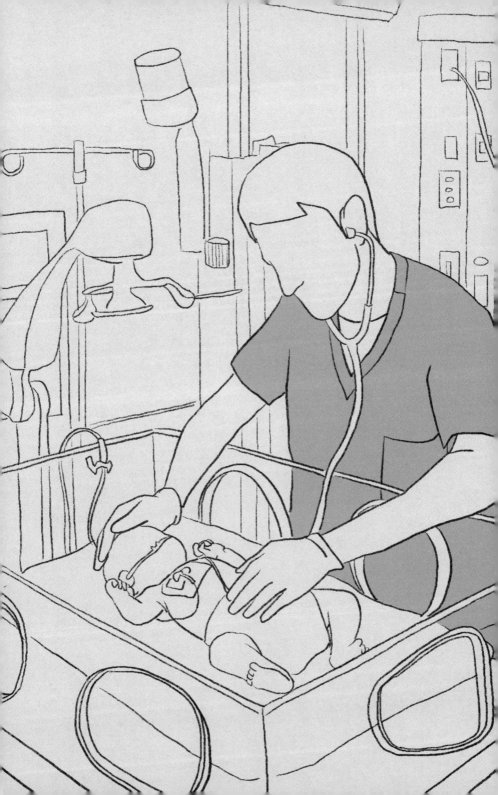

"무슨 일이 있어도 이 자그마한 아이를 꼭 살려내야 한다는 생각이 들었다.
아무 죄 없는 아이의 죽음을 목격하고도 내가 과연 살아갈 수 있을지 자신이 없었다.
너무 어린아이의 죽음에는 특별히 더 비극적인 뭔가가 있다.
18세기 독일 철학자 쇼펜하우어는 아이들이 사망하는 건
신이 존재하지 않는다는 증거라고 했다."
_로스 로널드슨(UCLA 응급의학과 교수)

Part 1

3

당신이라면 치료할 것인가?

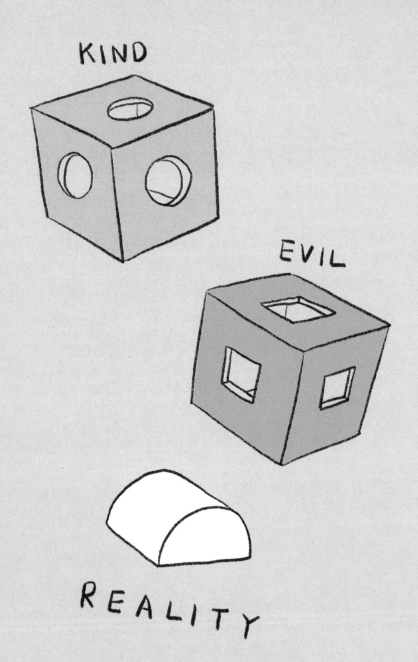

KIND

EVIL

REALITY

강도와 반란군 수장

의대에 입학해 '국제 보건國際保健, Global health'이라는 개념을 접했다. "3초에 한 명씩 죽어가고 있다"는 아프리카 아이들의 이야기를 들은 후부터 의료봉사는 나의 꿈이었는데, 국제 보건과 의료봉사는 비슷해 보이지만 사뭇 다른 개념이었다. 의료봉사가 대부분 봉사를 행하는 공급자 입장에서 이루어지는 경우가 많다면, 국제 보건은 철저히 현지의 입장에서 생각하고 현지의 문화와 삶을 깊게 조망하며 그들의 입장에서 무엇이 최선일지 끊임없이 고민한다는 점에서 나는 둘을 사뭇 다른 개념으로 받아들였다.

사례

나는 내전이 일어난 지역으로 온 국경없는의사회 소속 의사다. 이 지역의 반란군은 아주 과격한데 마을을 통째로 불태우고, 마을 사람들을 닥치는 대로 죽인다. 다음 주에는 반란군이 이 옆 마을을 공격할 것이라 선언까지 했다.

그런데 오늘 아침, 반란군의 수장이 총에 맞아 나에게 실려 왔
다. 지금 당장 응급수술을 하지 않으면 곧 사망할 것이 분명하
다. 그러나 수술을 하여 이자를 살린다면 이자는 다음 주에 예
정대로 옆 마을을 공격해 사람들이 많이 죽을 것이 분명하다.

이에 나는 반란군의 수장을 수술[한다/하지 않는]다.

국제 보건의 꿈을 꾸기 시작한 후로 나는 국제 보건의 현장
에서 뛰고 있는 분들의 이야기를 들으러 다녔다. 역시나 그 이
야기들 속에는 정말 어려운 선택의 순간들이 많았다. 다양한
사례들이 있었고, 위 사례는 그중 하나를 각색한 것이다.

〈2장〉에서 살펴보았던 남편을 죽인 강도 이야기와 다소
비슷하면서도 다른 지점이 보인다. 강도와 반란군 수장 둘 모
두 살인을 저질렀다는 점은 똑같지만 가장 큰 차이는 강도가
앞으로 또 강도를 저지를 계획을 품고 있는지는 알 수는 없었
으나, 반란군의 수장은 일주일 후에 마을 사람들을 죽일 계획
을 확실히 세우고 있다는 점이다. 또 다른 점은 강도는 치료
후 법의 심판을 받을 것이 충분히 예상되지만, 반란군의 수장

은 현재 내전이 일어난 만큼 법의 심판을 받지 않을 가능성이 농후하다.

이 상황에 놓인 의사로서 독자 여러분이라면 어떻게 하겠는가? 이번에도 역시 문제 상황부터 구체화해야 한다. 현재 문제는 '사람들 수십 명을 이미 죽였고, 앞으로도 죽일 계획을 세운 이자를 살릴 것인가, 죽게 내버려둘 것인가?'이다. 그다음으로 판단할 것은 각 선택이 가져올 결과와 이들 간에 충돌하는 가치다.

만약 이자를 살린다면 수십 명의 사람들이 다음 주에 사망할 것이다. 그러나 여기서 문제가 끝나지는 않는다. 만약 당신이 이자를 살린다면 이후 국경없는의사회 소속 의사가 반란군의 수장을 살렸고, 그 수장이 마을 사람들 수십 명을 죽였다는 사실이 대외적으로 알려질 것이다. 국경없는의사회는 기부금으로 운영되는데 만약 이 사실이 알려지면 과연 누가 반란군을 살려 사람들을 죽게 만든 단체에 선뜻 기부하겠는가? 기부금이 줄면 결국 의료 서비스 질이 하락하고, 이로 인해 미래에 살릴 수도 있을 많은 환자를 잃게 될 수 있다.

그러나 이자를 살리지 않고 내버려둔다면, 당신은 환자로 찾아온 이에게 '사망'이라는 해악을 끼친 것으로 〈해악 금지의 원칙〉에 위배되는 행동을 한 것이다. 더 나아가 환자를 그의 배경에 따라 차별한 것이므로 〈제네바 선언〉에도 반하는 셈이다.

만약 이자가 지금껏 저질러온 살인 행위 때문에 당신이 이자를 살리지 않는다면, 당신은 의사의 역할을 넘어 벌을 준 것이므로 월권 행동을 한 것으로 평가해볼 수도 있다. 혹은, 미래에 저지를 살인 가능성 때문에 현재 이자를 살리지 않는다면, 당신은 아직 일어나지 않은 사건에 대한 책임을 현재의 이자에게 묻는 셈인데, 아직 저지르지도 않은 사건에 대해 책임을 묻는 것은 과연 정당화될 수 있을까?

한 걸음 더 나아가, 이자를 살리지 않는다면 당신은 의사로서 지켜야 하는 생명윤리를 저버린 것인데, 이런 의사가 과연 앞으로 국경없는의사회에서 일을 지속하며 환자를 살릴 수 있겠는가? 설사 지속할 수 있다 하더라도, 생명윤리를 지키지 않는 의사가 국경없는의사회에서 일하는 것이 대외적으로 알려진다면 과연 누가 기부를 계속하겠는가? 따라서 만일 당신이 이자를 살리지 않고 내버려둔다면, 그 행동으로 인해 생명윤리의 원칙을 저버리는 것은 물론, 이로 인해 직위가 박탈된다면 앞으로 당신이 살릴 수 있을 많은 환자를 살리지 못하게 될 수도 있다.

도대체 어떻게 해야 할까? 늘 그렇듯 참으로 어려운 상황이다. 그리고 고민에 고민을 더 얹어보자면, 만약 이 반란군의 수장이 어젯밤에 막 새로 부임한 자여서, 사실 아직 어떠한 살인도 저지르지 않은 상태이지만 일주일 후에 첫 살인을 저지르기로 계획만 하던 상태였다면 또 어떻게 판단이 달라질까?

트롤리 딜레마

이 문제는 어찌 보면 트롤리 딜레마로 잘 알려진 상황과 엇비슷하다. 제동장치가 고장이 나서 정지할 수 없는 전차가 달려오고 한쪽에는 인부 한 명, 맞은편에는 인부 다섯 명이 서 있다. 그들에게 피하라는 의사를 전달할 수 있는 어떠한 방법도 존재하지 않는 상황에 당신은 두 갈래로 나뉘는 철로 길을 선택할 수 있는 장치 앞에 있다. 둘 중 한쪽을 선택해 죽여야만할 때, 어느 쪽을 선택하겠느냐는 것이 바로 트롤리 딜레마다.

정답은 없지만 만약 당신이 "생명 다섯이 생명 하나보다는 귀중하니까" 하고 한 명이 있는 쪽을 선택한다면, '생명은 경

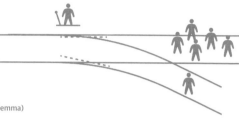

트롤리 딜레마(Trolley Dilemma)

　그러나 우리가 다루는 상황은 단순히 생명의 경중을 비교하는 문제가 아니다. '심화된 트롤리 딜레마 상황' 정도로 이름 붙여볼 수 있다. '생명 하나'는 무고한 '인부 한 명'이 아니라 무려 앞으로 수십 명의 생명을 앗아갈 반란군 수장의 생명이며, '생명 다섯'은 단순히 '인부 다섯 명'이 아니라 마을 사람들 수십 명이기에 그들의 무게를 단순히 숫자로만 비교할 수 있을 것인가?

　의사는 '환자라면 그 배경에 따라 차별하지 않고 동등하게 치료해야 한다'는 의료윤리 원칙을 지켜야 할 의무가 있다. 이에 더해, 당신은 단순한 '의사1' 정도가 아니라 국경없는의사회 소속 의사다. 당신의 행동으로 인해 앞으로의 단체 재정에 문제가 생길 수도 있으며, 이 때문에 미래에 살릴 수도 있을 환자를 살리지 못하는 상황까지 봉착할 수도 있다.

이렇게 각 선택이 가져올 결과와 이 과정에서 충돌하는 가치에 대해 살펴보았다. 역시나 여전히 어렵고, 어느 한쪽의 손을 들어주기가 쉽지 않은 상황이다. 늘 그렇듯 나는 답을 내리지 않는다. 물론 애초에 정답도 없다. 그저 스스로가 어떤 가치를 더 우선순위에 둘지의 문제만 있을 뿐. 자, 그럼 이제 이 질문에 스스로 답해보자. "총 맞은 반란군 수장, 당신이라면 치료할 것인가?"

일단 도와줬으니 나는 무조건 착한 건가요?

우리 사회는 때때로 선한 의도로 이루어지는 행위들을 과하게 포장하곤 한다. 물론 의도는 전혀 보지 않은 채 결과에 대해서만 과하게 책임지라고 강요하는 경우도 있다. 그러나 선의만으로 모든 것이 포장되지는 않고, 반대로 나쁜 결과만으로 모든 것을 비난할 수도 없다. 아래의 이야기를 들어보자.

네팔의 인구는 약 3100만 명이다. 이 중 약 80%가 고산지대에 흩어진 작은 마을에 거주하는데, 마을 중에는 전기 공급조차 안 되는 열악한 곳이 많다. 이에 한국의 한 봉사단이 네팔을 방문했다. 열악한 환경이었지만 그들은 한 마을에 태양광, 풍력, 소수력을 이용한 발전 시스템을 설치하고 전력을 생산하는 데 성공했고, 그 지역의 A호텔에 에너지를 공급해 빛을 밝힐 수 있었다. 다음 해 봉사단이 발전기를 점검하고 주민들의 생활환경이 얼마나 개선되었는지 확인하기 위해 다시 그 마을을 방문했다. 전력이 공급되면서 A호텔의 상황이 좋아진 것은 물론, 마을 전체가 예전과 비교할 수 없을 만큼 좋아진 것을 알 수 있었다. 마을 주민들의 소득도 전반적으로 증가해 마을 경제가 풍족해졌고, 무려 자체적인 사업도 시작할 만큼 지속 가능한 발전도 가능해졌다.

여기까지 이야기를 듣고서 나는 봉사단이 엄청난 선행을 했다고 판단했다. 절대적 선악이 아무리 없더라도 이것만큼은 확실히 '선'이라 생각했다. 그러나 다음 이야기를 이어 듣고 머리를 한 대 세게 맞은 듯했다.

이날 저녁, 봉사단은 호텔 관계자, 지역의 주민들과 함께 모여 축하하는 자리를 가졌다. 그런데 이 자리에 사뭇 어두운 표정을 한 사람이 있었다. 사정을 들어보니, 옆 마을에서 B호텔을 운영하는 사람이었다. 이 지역에 전기가 공급되고 A호텔이 잘 되는 것은 좋은 일이지만, 이로 인해 옆 마을에서 운영이 잘 됐던 자신의 B호텔은 손님이 뚝 끊겨 먹고살 걱정이 한가득하다고 했다.

자, 이제 답해보자. 봉사단의 행위는 선행인가, 악행인가? 분명 선한 의도로 시작된 것이고, 의도한 대로 전기도 성공적으로 생산했으며 이로 인해 그 마을의 경제가 풍족해졌으니 선행으로 보인다. 그러나 봉사단의 선행으로 인해 운영이 잘 됐던 옆 마을의 호텔에 손님이 뚝 끊겨버렸으니, 옆 마을 사람에게는 봉사단의 행위가 오히려 악행이었을지도 모른다.

이렇게 옆 마을 주민에게 가해진 악행은 눈감고 봉사단의 행위가 무조건 '선'이라 규정하고 찬사만 보낼 수 있을까? 옆 마을 주민의 피해는 그냥 어쩔 수 없는 것이라고 무시해도 괜찮을까?

옆 마을 B호텔 운영자가 우울해하고 걱정만 해서 다행이지, 만약 그 사람이 운영하는 호텔이 사정이 어려워 문을 닫았고 이에 그가 자신의 삶을 비관해 자살을 시도했다면?

그렇다고 해서 봉사단이 '악'이라 말하려는 의도는 당연히 아니다. 봉사단이 옆 마을 주민에게 가해진 악행에 대해 모르는 체했다는 것도 전혀 아니다. 오히려, 봉사단은 다시 머리를 맞대고 고민해 아예 네팔 산간 지역의 약 12제곱킬로미터에 달하는 엄청난 면적에 전기를 공급하겠다는 야심 찬 구상을 했다. 여의도 면적이 대략 4제곱킬로미터 정도이니, 여의도 면적의 세 배에 달하는 지역에 전기를 공급하기로 한 것이다. 그리고 결국 봉사단은 지역 주민들의 적극적 참여와 뛰어난 아이디어로, 몇 년 후 그 넓은 지역에 수력발전을 통해 전기를 공급하는 데 성공했다. 비단 한 마을뿐 아니라, 모든 마을에 전기가 공급될 수 있게 된 것이다.

이 이야기를 통해 하고 싶은 말은 단순히 봉사단의 선악을 판별해보자는 것이 아니다. 다만, 이 글을 읽고 있는 독자 여러분에게 다시금 이 질문으로 돌아가자고 말하고 싶을 뿐이다. "무엇이 선행인가?"

선행, 악행은 그리 쉽게 양분화되지 않는다는 사실이 느껴졌으면 한다. 〈낭만닥터 김사부〉의 이야기부터 『맹자』의 소와 양에 대한 이야기, 남편을 살해한 강도 이야기, 총 맞은 반란군 수장 이야기와 봉사단 이야기까지, 어느 하나 입장을 택하기에 쉽지 않았을 것이라 생각한다.

마치 박스에 장난감을 분류하듯 선행과 악행을 쉽게 분류했던 어릴 적의 나는 여러 이야기를 통해 고민을 거듭하는 시간을 지나면서 생각이 많이 바뀌었다. 혹시 어릴 적의 나와 같은 생각을 하고 있던 독자가 있다면, 앞선 이야기들을 읽어오며 많은 고민을 했을 것이다. 어쩌면 선악이 양분화되지 않는다는 사실이 내가 느꼈던 것처럼 충격으로 다가왔을 수도 있다.

그러나 이런 시간이 괴롭게 느껴지더라도 그 시간이 쌓이고 쌓여, 결국 당신의 철학을 더욱 깊고 넓게 만들어줄 것이니 포기하지 말고 즐겁게 다음 장으로 나아가 보기를 바란다. 앞으로 더욱 흥미롭고 고민되는 이야기들이 많이 남아 있으니.

의대생의 고민 노트 #1

오늘, 병원을 나서며…

[생각 하나]

의사가 지켜야 할 네 가지 의료 윤리 원칙을 살펴보았습니다.

1. 자율성 존중의 원칙
2. 해악 금지의 원칙
3. 선행의 원칙
4. 정의의 원칙

이 네 가지 윤리 원칙은 의대생이라면 누구나 배우는 개념이라고 말씀드렸습니다. 하지만 네 가지 원칙 간 충돌이 빚어지는 상황은 얼마든지 존재합니다. 애초에 각각의 원칙을 명확히 규정하는 것부터가 정말 어려우니까요.

[생각 둘]

다음으로, <제네바 선언>도 같이 나누었습니다.

'나는 환자를 위해 내 의무를 다하는 데 있어 나이, 질병, 장애, 교리, 인종, 성별, 국적, 정당, 종족, 성적 지향, 사회적 지위 등에 따른 차별을 하지 않는다'라는 문장을 읽었습니다.

하지만 현실은 언제나 이론보다 복잡한 법입니다. 독자 여러분은 지금껏 '무엇'에 의거해 삶의 가치판단을 해왔나요?

[생각 셋]
마지막으로, 대체 무엇이 '선행'이라고 생각하시나요?

글을 읽으며 선행과 악행은 그리 쉽게 양분화되지 않는다는 사실이 느껴졌으면 합니다. 본문에서 전한 <낭만닥터 김사부>의 이야기부터 『맹자』의 소와 양에 대한 이야기, 남편을 살해한 강도 이야기, 총 맞은 반란 군 수장 이야기와 봉사단 이야기까지, 어느 하나 판단하기에 쉽지 않았을 것이기 때문입니다.

---------● **생각 더하기** ●---------

여러분은 지금 무엇을 '보고' 계신가요?
내 삶에 가장 중요한 '가치'나 '관계'는 무엇인가요?
목숨을 다해 '지키고 싶은' 것이 있나요?

"의술에 대한 사랑이 있는 곳에, 인류에 대한 사랑이 있다."

_히포크라테스(고대 그리스 의학자)

※ **4** ※

치료를 위해서는 문화를 억압해도 괜찮을까?

어디까지 문화로 존중해야 할까?

—● 에티오피아 아기의 축복 문화

에티오피아에는 신생아가 '축복'을 받기 전까지는 집 밖에 나가지 않는 문화가 있다. '골파'라는 악령이 돌아다니기 때문이라는 믿음 때문이다. 그래서 '깔루'라는 영혼 세계와 인간 세계의 매개자가 집에 찾아와 '축복'해준 후에야 아이는 신생아 백신 등의 필수적인 의료 서비스를 받을 수 있다. 하지만 깔루를 집으로 부르기 위해서는 적지 않은 비용이 들기 때문에 이 '축복'은 늦춰질 수밖에 없으며, 이로 인해 결국 신생아의 건강뿐 아니라 백신 접종이 늦어지면서 지역의 집단면역에도 손상이 생기고 있다.

나는 국제 보건 사업을 위해 이곳에 파견 나온 의사다. 신생아들의 건강을 위해 깔루에게 '축복'을 받지 않았더라도 신생아를 병원에 데리고 와 필수 예방접종을 받을 것을 규정하는 법 제정을 정부에 건의해 추진해왔다. 다행히 건의가 받아들여져 법제화됐고 이제 에티오피아 부모는 '축복'을 받지 않더라도 신생아를 무조건 병원으로 데려와 예방접종을 받아야만 한다.

모든 의료 행위는 근본적으로 환자를 향한 사랑에서 시작된다. '인류애'라는 단어로도 표현되는 이 사랑은 사실 자식을 향한 부모의 사랑과 어깨를 나란히 한다. 그렇기에 위의 사례에서 에티오피아의 부모들에게 새롭게 내려진 법령은, 마치 자식을 향한 부모의 사랑처럼 환자를 향한 이사의 인류애가 바탕이 된 것이다. 그렇다면 이렇게 새로운 법령을 추진한 의사의 행동은 사랑에서 비롯된 것이었으니 다 괜찮을까?

에티오피아 부모들의 입장에서 생각해보자. 그들에게 아기는 얼마나 소중하고 사랑스럽겠는가. 모든 부모가 헤아릴 수 없을 만큼 자식을 사랑하듯, 그들 역시 마찬가지일 것이다. 따라서 그들은 아기에게 할 수 있는 가장 좋은 것을 해주고 싶을 것이며, 그것은 바로 '축복'이다. 따라서 사랑하는 아기에게 할 수 있는 최선의 것(축복)을 하지 말라는 새로운 법령은, 에티오피아의 부모에게 사랑으로 느껴지지 않을 것이 분명하다.

이제부터 고민이 시작된다. 의사라면 〈선행의 원칙〉 및 〈해악 금지의 원칙〉을 지켜야 한다. 특히 의사 결정 능력이 없는 아기의 경우, 부모의 의사에 반할지라도 아기의 최선의 이익을 위해, 즉 아기의 건강을 위해 의료를 행해야만 한다. 그러기 위해서는 부모가 신생아를 병원으로 데려와 예방접종을 해야 하는데, 그들의 문화가 큰 장벽이 되고 있기에 위 사례에서 '나'는 그들의 문화를 존중하지 않았다.

그런데 가만히 생각해보자. 우리는 학교에서 분명, 다른 문화를 존중해야 한다고 배우지 않았는가. 그러니 위 사례처럼 건강을 위해 문화를 억압하는 건 어쩌면 폭력일 수도 있지 않을까? 아니, 그렇지만 의사로서 건강을 위해서라면 문화를 억압해도 괜찮을까? 그렇다면 어디까지 문화로서 존중해야 할까? 또 어디서부터는 문화로 존중하지 않고 의료가 개입해도 될까? 이 질문은 곧이어 극단적 문화 상대주의의 예시로 사회 시간에 배웠던 중국의 '전족 문화'로 이어졌다.

─● 미인의 절대 조건, 전족 문화

전족纏足(얽매인 발)은 중국에서 어린 소녀나 여성의 발을 인위적으로 묶어 성장하지 못하게 하는 풍속으로 오랫동안 중국 미인의 절대 조건이었다. 발을 인위적으로 작게 만들기 위해 어린 여자아이의 발을 천 등으로 묶던 풍습을 뜻한다. 당대 최고 '아이돌'이었던 무희가 작은 신발을 신고 사뿐사뿐 춤을 추던 데에서 시작된 전족의 유행은, 10세기 초부터 20세기까지 중국에서 거의 무려 1000년 동안이나 지속됐다.

그래서 당시 중국 사람들은 딸아이가 네다섯 살이 되면 닭을 잡아 뜨거운 뱃속으로 아이의 발을 집어넣어 뼈와 근육을 부드럽게 만들었다. 이후, 엄지발가락만 놔두고 네 발가락과 발등을 완전히 꺾어 발바닥에 밀착시킨 후 붕대로 발을 칭칭 감았다. 고통으로 서 있기도 힘들지만, 이 모양으로 예쁘게 발을 고정하기 위해서 부모는 딸아이를 자주 걷게 했다. 전족을 한 여성은 집안일이나 농사를 지을 수 없었기에 전족은 점차 부유한 계층의 소유물로 진화됐다. 이처럼 전족은 고통스러웠지만, 여성들에게는 부와 아름다움을 동시에 뽐낼 수 있는 수단으로는 더할 나위 없이 좋았다.

그런데 1902년, 청 정부가 공식적으로 전족 금지령을 공포했다. 전족은 위생의 관점에서 발이 골절되어 무용지물로 만드는 병을 야기한다며, '건강과 위생의 합리성'을 그 근거로 들었다.

중화인민공화국 수립 이후인 1950년대, 전족 풍습이 완전히 사라지기까지, 중국 여성들에게는 '작은 발'이 부와 아름다움의 기준이었다. 마치 현대로 따지자면 '큰 눈, 오똑한 코' 등이 아름다움의 기준이 된 것처럼 말이다. 그러나 한 걸음 더 나아가, 당시 중국 여성들의 전족은 부와 아름다움 외에도 성적 매력까지 상징했다고 한다. 그렇기에 당시 전족이 된 발의 붕대를 풀어 남에게 보여주는 행위는 마치 자신의 알몸을 보여주는 것만큼이나 큰 의미를 지녔다고 한다.

그런 문화 속에서 1880년부터 여성의 발을 옥죄어 기형적으로 작게 만드는 것을 반대하는 천족운동(전족반대운동)이 일어나고 청나라 정부가 건강상의 이유로 전족 금지령을 내리자, 중국 여성들은 하루아침에 갑자기 전족이 된 발을 드러낸 채돌아다녀야 하는 상황에 놓였다. 이는 마치 현대로 따지자면바지와 팬티 착용이 금지된 셈이나 마찬가지인데, 이렇게 강제로 맨발을 보이게 된 여성들은 수치심을 느껴 자살하는 사건도 빈번했다고 한다.

사회 교과서 〈극단적 문화 상대주의의 한계〉라는 단원에서전족 문화가 인류의 보편적 가치를 훼손하는 문화이므로 이를존중하지 말아야 한다고 배웠다. 물론 이를 배울 때 나도 이런미개한 문화는 하루빨리 없어지는 것이 맞겠다고 생각했다. 그런데 이면의 이야기를 알고 나니 생각이 사뭇 바뀌었다.

분명 전족은 인간의 존엄성과 같은 보편적 가치를 훼손하는문화이기에 존중해서는 안 된다고 배웠는데, 이를 존중하지 않아 발생한 결과가 중국 여성들의 사회적 고통, 수치심, 더 나아가 자살이지 않았는가? 그럼, 이렇게 문화를 존중하지 않아 자살까지 초래하는 청 정부의 전족 금지령이야말로 보편 윤리에 어긋나는 행위가 아닐까? 인간의 존엄성(건강)을 훼손한다는 이유만 있다면 1000년이 넘는 문화를 억압하고, 그로 인해 여성의 수치심, 더 나아가 자살까지 초래해도 괜찮은 것인가?

하지만 여선히 전족 문화를 존중하는 것도 마찬가지로 문제다. 그렇다면 무엇을 근거로 존중하지 말아야 할까? 그저 단순히 '비인간적'이라는 이유만으로 그 문화를 존중하지 않는 것은 어렵다. '인간적'이라는 기준이 너무나 주관적이고, 오히려 전족 문화를 금지해 과거 중국 여성들을 자살로 내몰았던 행위야말로 '비인간적'이라고 반박하는 것도 가능하기 때문이다. 그럼 이쯤에서 의학도의 눈으로 전족을 한번 바라보자.

전족은 눌째 발가락부터 다섯째 발가락과 발등에 위치한 뼈를 모조리 골절, 혹은 운이 좋아 골절되지 않았다면 소아에서 외력으로 인해 뼈가 휘어지는 현상인 '소성변형plastic deformation'을 인위적으로 일으키는 행위인데, 이 자체로도 이미 고통이라는 해악을 끼치는 것이므로 윤리적으로 옳지 않다. 그러나 진짜 문제는 따로 있다. 단순히 순간적 고통으로 발 모양의 변형만을 일으키는 것이 해악의 전부라면, 이는 지금 흔히들 하는 귀를 뚫는 행위와 다를 바가 없다. 그러나 귀고리를 하기 위해 귀를 뚫는다고 해서 이를 윤리적으로 비판할 수는 없지 않은가. 진짜 문제는 발이 무게를 지탱하는 역할을 한다는 점이다.

역삼각형 모양의 구조물이 쉽게 넘어지듯, 발의 크기가 몸에 비해 작아지면 쉽게 넘어진다. 사실 넘어지는 것만으로는 큰 문제가 아니라 생각할 수 있지만, 전족을 한 여성이 고령이 된다면 넘어지는 것만으로 고관절 골절, 척추 골절이 일어날 수 있고, 이러한 골절은 사망까지 초래할 수 있기에 충분히 위험하다. 더 나아가, 전족은 보행 장애까지 유발한다. 작은 발로 넘어지지 않기 위해서는 마치 오리처럼 뒤뚱거리며 걸을 수밖에 없는데, 어릴 적부터 이렇게 자란 여성은 허벅지 근육이 약해져 더욱 걷기 어려워지는 악순환을 거친다.

보행은 생각보다 훨씬 건강에 중요한 요소다. 흔히 바이털 사인vital sign이라고 부르는 활력 징후에는 체온, 맥박, 호흡수, 혈압의 네 가지 요소가 들어간다. 이에 이어 제5의 활력 징후는 통증이고, 제6의 활력 징후가 바로 보행 속도다. 실제로 보행 속도가 빠를수록 수명이 길다는 논문(「JAMA」, 2011)이 있을 정도로, 보행은 수명과 상관관계가 높은 요소다. 바로 이 보행을 저하한다는 측면에서 전족은 극명히 〈해악 금지의 원칙〉에 위배되는 행위다.

이와 더불어, 전족을 하면 계속 붕대로 발을 감싸고 있어야 하기에 위생 관리가 전혀 되지 않아 감염으로 인한 패혈증으로 사망하는 경우도 상당했다고 한다. 이렇게 어쩌면 사망이라는 해악을 끼칠 수도 있는 위험한 행위라는 점에서 전족 문화를 존중하는 것도 분명 옳지 않아 보인다.

그렇다면 "현지 문화를 존중하는 것도 물론 중요하지만, 에티오피아의 축복 문화로 인한 신생아나 중국의 전족 문화로 인한 여성처럼 건강이 위험한 상황이라면 그때부터는 더 이상 문화를 존중하지 않고 의료가 개입해도 되는 건가? 현지의 사람들은 문화가 억압받으니 안타깝지만, 그래도 건강을 위해서 문화를 억압하는 건 어쩔 수 없으니 이런 상황에서 개입하는 의료에 대해서는 윤리적으로 비판할 여지가 없는 건가?" 하는 의문이 생긴다.

지금까지의 사례만 보아서는 '건강을 위해서는 문화를 무시하고 의료가 개입해도 된다'가 일견 답처럼 보인다. 에티오피아의 부모는 아기를 축복하지 못한 채 외출해야 하니 두려울 테고, 중국의 여성은 발가벗겨진 기분이 들고 앞으로 성적 매력을 상실할 것이라 괴롭겠지만, 그래도 그런 두려움이나 괴로움보다는 신생아와 여성의 건강이 더 중요하므로, 의료를 위해 문화를 억압하는 것은 언제나 옳아 보인다. 과연 그럴까?

─● 상투를 잘라라, 일본의 단발령

조선에서 콜레라는 1821년 최초 대유행이 시작됐고 한 번 창궐할 때마다 수십만 명의 사망자가 나왔다. 당시 조선은 이 질환이 '쥐 귀신' 때문에 생기는 통증이라며 이 병을 주술적 관점으로 보고, 제사를 거행하거나 질병이 왕의 부덕으로 생긴 것이니 조세를 감면하고 죄수를 풀어주며, '동짓날 팥죽 먹기', '쥐 귀신을 퇴치하기 위한 고양이 부적 붙이기', '바가지 소리로 병 쫓아내기'와 같은 방역책을 내렸다.

일찍이 서양의학을 받아들였던 일본은 당시 조선의 방역책이 미개하다고 판단하여 조선에 대해 대대적 위생 관리 사업을 펼쳤다. 콜레라는 오염된 식수와 음식물 섭취 등, 불량한 위생 상태로 인해 전염되는 질환이기에 환자 물건은 소독하고, 우물, 하천 등을 소독하며, 항구에서 통제와 검역을 실시했고 병 유행 시 시장과 집회의 금지 등을 지시했다. 더불어 1895년 말, 을미개혁의 일환으로 위생을 위해 상투를 자르게 하는 '단발령'을 실시했다.

당시 일본이 내린 단발령에 대한 조선인들의 반발은 극심했다. '신체발부 수지부모身體髮膚 受之父母(사람의 신체와 터럭과 살갗은 부모에게서 받은 것)'라는 유교 문화적 가치관을 지키며 살던 당시 우리 조상들은 일본의 단발령에 극렬히 저항했다. 그러나 일본 정부는 상투를 자르는 직책인 체두관剃頭官을 전국적으로 파견해 길거리에서 상투 튼 이들을 잡아 상투를 잘랐으며, 더 나아가 민가에까지 강제로 들어가 단발을 강행했다.

콜레라에 대해 먼저 간단하게 이해해보자. 콜레라는 비브리오 콜레라vibrio cholerae라는 세균이 오염된 식수나 음식을 통해 사람의 장에 침투해 생기는 질환이다. 정상 신체라면 장에서 수분과 전해질의 흡수가 일어나야 하지만 콜레라균이 독소를 분비해 이 과정을 막는다. 그래서 수분과 전해질이 체외로 과도하게 빠져 설사와 구토를 반복하다가 이후 탈수와 전해질 부족으로 사망하게 된다.

이런 무시무시한 전염병인 콜레라에 대한 일본의 방역책은 단발령이 끝이 아니었다. 콜레라는 전염성이 상당하기에 단순히 위생 관리만으로는 방역이 완성되기 어렵다. 코로나바이러스-19에 감염되면 집단 감염을 막기 위해 법령으로 사회적 격리를 했듯, 당시 일본은 콜레라 환자 혹은 의심 환자를 강제로 병원으로 끌고 갔다. 이렇게 강제력이 생기기 위해서는 단순히 의사만의 힘으로는 어려웠다. 따라서 일본은 위생 경찰을 두어 범죄뿐 아니라 보건, 의료, 방역에 관한 업무까지 담당하도록 했다. 이렇게 권한을 부여받은 위생 경찰은 콜레라 환자 및 의심 환자를 색출해 조선인의 의사를 존중하지 않고 병원으로 강제 이송했다.

조선인에게 단발령과 위생 경찰은 분명 탄압이요, 불효였으며 폭력이었다. 그렇지만 의학도의 눈으로 보았을 때, 이러한 제도가 의학적으로 합리적 조치였음은 틀림없다. 방역은 '스스로를 병으로부터 지키는 예방'과 '타인을 본인으로부터 지키는 예방'으로 나뉘는데, 단발령은 위생 제도의 확립을 통해 스스로를 병으로부터 지키는 예방으로서 제 역할을 했고, 위생 경찰은 타인을 본인으로부터 지키는 예방으로서 사회적 격리를 시키는 역할을 했으니 말이다.

아니, 그렇다면 일본의 이런 단발령과 위생 경찰 제도가 옳았다는 말인가? 천만에. 나는 개인적으로 이러한 제도를 옹호하고 싶은 마음이 눈곱만큼도 없다. 이쯤 되니 조금 혼란이 생긴다. 분명 앞서 살펴본 중국의 전족 문화나 에티오피아의 축복 문화에서는 문화를 억압해 그들이 더 고통스러워하거나 무려 수 치심으로 자살까지 하더라도, 건강과 생명 같은 보편적 가치가 우선된다면 그런 행위는 언제나 옳은 것(선행)으로 보였다. 그런데 왜 건강을 위해 상투를 강제로 자른 단발령이나, 집단 감염 차단을 위한 위생 경찰 제도는 나쁜(악행) 문화 탄압이라고 생각되는 걸까? 이런 방역책이 없었다면 콜레라로 인해 더 많은 이가 고통과 사망 같은 보편적 가치에 위배되는 결과를 겪었을 것이 분명함에도 말이다.

고민의 결과, 나는 의료 개입이 적절하기 위해서는 다음의 세 가지 요소가 모두 갖춰져야 한다는 결론에 도달했다.

첫째, 의료 개입에 '의학적' 의도 외에 다른 의도가 첨가되어서는 안 된다.
둘째, 특정 문화에 대하여 '의료 개입을 하겠다는 결정'이 옳아야 한다.
셋째, 의료 개입의 '과정'이 옳아야 한다.

첫 번째 요인에 대해서는 내가 당시 이 정책을 결정한 일본인의 머릿속에 들어가 본 것도 아니고, 그 당시에 살았던 것도 아니라 그들의 저의를 함부로 추측할 수는 없다. 그렇지만 두 번째 요인은 명쾌하다. 당시 조선 정부가 펼쳤던 주술적 수준의 방역책만으로는 훨씬 더 많은 이들이 설사와 구토로 고통받다 사망했을 것이 확실하다. 따라서 일제가 의료 개입을 하겠다는 결정만큼은 옳았다.

그러나 세 번째 요인이 바로 일제의 방역책이 옳지 않았던 핵심적 이유다. 의료 개입을 하겠다는 '결정'은 옳았을지언정, 그 '과정'은 비판할 수 있다는 말이다.

혹자는 일제의 방역책이 강제성을 띄었기에 인권을 무시한 것이라 판단한다. 그러나 이 관점은 허점이 있다. 강제로 시행한 것이 문제였다면 의료 개입은 언제나 강제성을 배제한 채 이루어져야 한다는 것인데, '자율적으로 전족 착용을 그만해보는 게 어떨까요?' 정도의 권고만으로 과거 중국 여성들이 자신의 성적 매력 중 큰 부분을 차지했던 전족을 그만둘 수 있었을까? 혹은 '축복받지 않아도 자율적으로 병원에 와서 백신을 맞아보는 게 어떨까요?' 정도의 권고만으로 에티오피아의 부모가 금쪽같은 아기를, 악령이 득실득실한 바깥세상에 축복도 없이 데리고 나갈 수 있을까? 그리고 조선으로 다시 돌아와 생각해본다면, '위생을 위해서 자율적으로 상투를 잘라보는 게 어떨까요?'라는 권고만으로 우리의 조상들이 목숨보다 귀중히 여겼던 상투를 뎅강 자르겠다는 결심을 할 수 있을까?

의료 개입은 다시 원래 상태로 돌아올 수 없는 건강, 더 나아가 생명과 직결되는 문제다. 따라서 단순히 자율성을 보장하고 그 결과로 인해 건강이 위협받거나 사망하는 이들을 단지 지켜만 보는 건, 그것이야말로 오히려 책임감 없는 '악'이라 볼 수 있지 않을까. 그럼 단발령과 위생 경찰 제도는 강제성 외에 어떤 측면에서 비판할 수 있을까? 나는 그 답을 '소통'에서 찾았다.

물론 혹자는 일본이 단발령을 시행할 때 "이건 위생을 위한 거야" 하고 언어적으로 소통했다고 반박할 수 있다. 그러나 소통은 언어적·비언어적 형태를 모두 갖추어야 한다. 언어적으로는 소통했을지 모르지만, 일제의 단발령은 상대에게 진심을 보여주는 비언어적 소통이 없었다. 아니, 진심은커녕 오히려 조선인에게 일제의 방역책이 사랑은 없고 지배와 통치를 위한 것이라는 느낌만 주었을 뿐이다.

실제로 낭시 조선인들이 가장 불만을 품었던 부분은 부모님께 받은 신체와 모발을 훼손한다는 점, 그 자체가 아니라 길을 걷다가 갑자기 잡혀서 순식간에 머리를 잘려버리는 상황이었다고 한다. 사실 단발령 이전에도, 평생 머리카락을 자르지 않은 것이 아니라 상투를 틀 때 머리카락을 일부 잘랐다고 한다. 그러니까 머리카락을 잘라 불효를 하도록 강제한다는 점 자체가 문제가 아니라, 비인간적으로 머리카락이 잘린다는 점이 문제였다.

따라서 아무리 일본이 입으로는 "위생을 위한 것이다" 하고 말하더라도, 비언어적으로 '이건 너희를 통제하기 위한 거야!'라는 소통 방식을 지속하니, 조선인은 이를 위생을 위한 따스한 사랑의 손길이 아니라 위생이란 미명하에 이루어진 일방적 폭력으로 느끼지 않았겠는가.

이렇게 고민을 이어 온 결과, 에티오피아의 축복 문화와 중국의 전족 문화만 다뤘을 때는 '의료를 위한 문화 억압은 언제나 옳아!'였던 나의 생각은 이제 '의학적 의도만을 가진 채, 의료 개입을 하겠다는 결정도 옳고, 그 과정까지도 적절한 언어적·비언어적 소통을 모두 갖추고 있을 때에만 의료를 위한 문화 억압은 옳다!'로 더 구체화되었다.

그럼 이제 고민이 끝난 걸까? 천만에. 이제부터가 진짜 시작이다. 지금까지 의료를 위한 문화 억압의 과거 사례들만 보았다면, 이제는 여러분이 직접 의사가 되어 문화를 억압할지 말지 결정할 차례다. 물론 정답은 없다. 의료 개입을 정당화하기 위한 세 가지 요인 중 둘째, 셋째 요인은 모두 '옳음'에 관한 것이기에 그 답은 각자 다를 것이다. 하지만 정답이 없다고 하여 질문에 대한 답을 포기해서는 안 된다. 문화를 억압하고 의료 개입을 할 것인지, 눈을 감고 의료 개입을 하지 않을 것인지 의사로서 우리는 분명 결정해야만 하며, 의료 개입을 하기로 결정했다면 '어떻게' 할 것인지도 분명 결정을 내려야만 한다.

여성 할례 이야기

사례

나는 아프리카 시에라리온에 의료 봉사를 하러 온 국경없는의사회 소속 의사다.

시에라리온 여성들은 90%가 여성 할례를 받는다. 여기서 행해지는 여성 할례 수술 타입(유형)은 이렇다. 여성의 성감을 훼손하는 것을 주목적으로 음핵(클리토리스)을 제거하는 것이 <타입1>, <타입2>이고, 여성의 성관계를 원천 봉쇄하여 여성의 성을 통제하는 것을 주목적으로 질구(膣口)를 봉쇄하는 것이 <타입3>이며, 이외 기타 비의료적으로 여성 성기를 훼손하는 행위가 <타입4>다.

시에라리온은 '세계 기아 지수'가 100점 만점에 35점으로, 118개의 개발도상국 중 112위에 속할 만큼 환경이 열악하다. 이렇게 의료 시설이 열악한 환경에서 수술이 이루어지다 보니 감염에 취약할 수밖에 없다. 소독된 바늘 대신 뾰족하게 깎은 나뭇가지를, 소독된 실 대신 낚싯줄을 이용해 수술이 이루어진다. 그러다 보니 여성 할례 수술 과정 중 일어나는 감염으로 인해 수술후 고열 등의 패혈증 증세를 보이다 사망하는 여성이 많다.

한 마을의 이장이 나를 찾아와 여성 할례 수술에 쓸 소독된 실과 바늘을 달라고 요청한다.

이에 나는 수술 도구를 마을 이장에게 제공[한다/하지 않는]다.

'할례'가 남성 음경에 행하는 포경수술을 의미하기에 여성 할례를 그리 심각하게 생각하지 않는 경우가 간혹 있다. 하지만 여성 할례는 포경수술보다 훨씬 심각한 의학적, 윤리적 문제를 초래하는 행위로, 남성의 포경수술과는 큰 차이가 있다. 특히 위 사례에 등장하듯, 청결하지 못한 환경에서 소독되지 않은 실과 바늘을 이용해 이루어지는 침습적(세균과 같은 미생물이나 검사용 장비의 일부 따위가 체내 조직 안으로 들어가는 것) 행위는 언제나 감염의 위험이 내재돼 있다. 그리고 이러한 감염은 간혹 패혈증으로 인한 사망까지도 초래한다.

건강에 미치는 의학적 관점을 제외하고서라도, 윤리적 관점에서도 여성 할례는 분명 옳지 않다. 윤리적 관점에서 어떤 행위를 바라볼 땐 그 행위를 하는 의도가 중요한데, 여성 할례 중 음핵을 부분 제거 혹은 완전 제거하는 〈타입1〉, 〈타입2〉는 여성의 성감을 없애는 것이 의도이고, 소변과 생리혈이 나올 작은 구멍만을 제외하고 질구를 봉쇄하는 〈타입3〉는 여성의 성관계를 막기 위한 것이다. 여성 할례가 보통 만 14세 이상의 미성년자에게 시행된다는 점을 고려하면, 여성이 주체적으로 스스로 선택한 수술이 아니라는 점도 추정할 수 있다. 따라서 두 가지 의도 모두 분명히 신체에 대한 자기 결정권을 침해한다는 점에서 인간의 존엄성을 해치는 행위다.

이런 여성 할례 문화는 무려 기원전 1900년대 이집트에서 시작해 3000년이 넘는 오랜 역사를 가진다. 19세기 말에서 20세기 초까지도 유럽과 미국에서는 정신병이나 여성의 자위행위 방지 목적으로 〈타입1〉, 〈타입2〉를 시행하는 여성 할례가 남아 있었으며, 지금도 아프리카에서는 여전히 성행하고 있다. 유니세프의 2015년 자료에 따르면 소말리아는 98%, 기니는 97%, 시에라리온은 90%, 이집트는 87%에 달하는 여성들이 여성 할례를 받는다고 한다.

자, 다시 본론으로 돌아가자. 의사로서 당신은 이렇게 인간의 존엄성을 해치는 수술을 위한 도구인 '소독된 실과 바늘'을 제공할 것인가? 선택에 따른 결과를 예상하고 충돌하는 가치를 파악하자. 만약 당신이 소독된 실과 바늘을 공급하지 않는다면, 마을 여성들은 지속적으로 감염에 취약한 환경에서 이루어지는 위험한 수술에 노출될 것이며, 앞서 말했듯 감염으로 인한 패혈증 등으로 사망하는 경우가 생길 것이 확실하다.

반대로 만약 당신이 소독된 실과 바늘을 공급한다면? 우선 감염으로 인해 사망하는 여성이 줄어드는 긍정적 결과가 나타날 것이다. 하지만 이게 끝이 아니다. 여성 할례를 시행하기 위해 소독된 실과 바늘을 공급한다는 것은, 다시 말해 여성 할례를 당하는 이들이 겪을 신체적·정신적 고통을 모르는 체하겠다는 말이 된다. 아니, 오히려 여성 할례를 지지하는 모습으로 보이게 될 수 있으며 이는 그 자체만으로도 할례를 당하는 여성들의 마음에 쐐기를 박는 셈이다.

더 나아가 당신은 무려 국경없는의사회 소속 의사다. 따라서 당신이 마을 이장에게 수술 도구를 주는 행위는 대외적으로 국경없는의사회가 여성 할례를 지지한다는 메시지를 주는 셈이 된다. 앞서 〈반란군 수장 이야기〉에서 언급했듯 국경없는의사회는 기부금으로 재정을 충당하는데 이런 메시지가 알려진다면 기부금을 모으는 데 문제가 생길 것이다. 만약 그렇게 된다면 국경없는의사회는 단순히 자금난이 문제의 끝이 아니라, 그로 인해 재정이 충분했다면 살릴 수 있을 환자를 살리지 못하는 결과에 이르게 될 수도 있다.

"이제 당신이 답할 차례다. 당신이라면 어떤 결정을 내리겠는가?"

실제로 주변에 이 상황을 들려주자 대부분이 소독된 실과 바늘을 공급하겠다고 답했다. 그래도 죽는 것보다는 낫지 않겠느냐는 입장이다. 소독된 실과 바늘을 공급하든 하지 않든 그 지역에서는 여성 할례가 이루어질 것이고 소독된 실과 바늘을 공급하지 않으면 여성들이 사망할 수 있으니, 여성 할례로 인한 신체적·정신적 고통보다는 사망이 더 나쁜 결과이므로 최악이 아닌 차악을 선택하겠다는 것이다.

"그 선택으로 인해 국경없는의사회의 재정이 악화되어 살리지 못하게 될 다른 환자들은?"이라는 나의 반문에 대한 답도 한결같았다. "그래도 일단 내 앞에 있는 환자부터 살리고 봐야지…." 이 답을 듣자 한 문장이 내 머릿속을 스쳤다. 지금까지 논의를 잘 따라왔다면 아마 지금 당신의 머릿속에서도 이 문장이 스쳤을 것이다. "친소 관계에 의거한 가치판단이군."

내 앞에 있는 환자는 내가 눈으로 본 환자이고, 미래에 살리지 못하게 될 환자는 아직 내가 눈으로 보지 못한 환자이므로, 자신도 모르는 사이에 친소 관계에 의거해 가치판단을 한 것이다. 역시, 어쩌면 친소 관계에 의거한 가치판단은 벗어날 수 없는 인간의 본성일지도 모르겠다.

누차 말했지만 정답은 없다. 친소 관계에 의거한 가치판단과, '여성 할례로 인한 신체적·정신적 고통이 있을지언정 사망보다는 낫다'는 판단하에 그 마을에 소독된 실과 바늘을 공급하기로 결정해도 괜찮고, 반대로 '여성 할례를 지지하는 메시지를 내어 지역의 여성들에게 더 큰 정신적 고통을 안겨주기 싫다. 그리고 세계적으로 도움이 필요한 다른 환자들의 생명 또한 등한시할 수 없다'고 생각해 소독된 실과 바늘을 공급하지 않기로 결정해도 괜찮다. 어떤 결정에 무게를 실을 것인지는 본인의 선택이다.

자, 이제 선택했는가? 그럼 한 걸음 더 나아가 다음 사례를 같이 들여다보자.

나는 아프리카 시에라리온에 의료 봉사를 하러 온 국경없는의사회 소속 의사다.

시에라리온의 임산부들은 대부분 집에서 출산한다. 과다출혈, 난산, 전사간증(임신과 관련된 고혈압성 질환), 감염 등에 취약한 가정 분만으로 인해 아프리카의 국가들은 모성 사망률이 10만 명당 1000명이 넘는다. 한국의 모성 사망률이 10만 명당 8명 정도인 것을 감안하면 한국보다 100배가 넘게 위험한 셈이다.

이런 위험성을 잘 아는 한 마을 이장이 자신의 딸을 가정이 아닌 내가 운영하는 보건소에서 출산하도록 하려 한다. 단, 조건이 있다. 출산을 위해서 현재 여성 할례(<타입3>, 질구 봉쇄)를 해놓은 실을 풀어도 되지만, 출산 직후 다시 여성 할례 수술을 시행해 질구를 봉쇄해야 하는 것이 그 조건이다. 만약 이 조건을 지키지 않는다면 마을 이장으로서 이 마을 여성은 절대 보건소에서 출산하지 않고 전부 가정 분만을 해야 한다는 규율을 만들겠다고 한다. 반면 이 조건을 지킨다면 앞으로 마을 여성들의 분만은 모두 보건소에서 하겠다고 한다.

이에 나는 마을 이장이 제시한 조건을 수락[한다/수락하지 않는]다.

이전에 살펴본 사례가 단지 여성 할례를 위한 소독된 실과 바늘만 공급할지 말지에 관한 문제였다면, 이번에는 내가 직접 여성 할례를 시행할지 말지에 대한 문제다. 한층 더 복잡해졌다. 이쯤 되면 이제 마을 이장이 제시한 조건을 들어줄지 말지를 고민하기보다, 애초에 이 지역의 여성 할례 문화 자체를 없애기 위해 개입하고 싶은 욕구도 생긴다. 그렇지만 내가 여기서 섣불리 "여성 할례 문화는 악이고 이걸 없애고 싶으니, 나는 출산 직후 질구를 봉쇄하는 여성 할례 수술을 하지 않을 것입니다" 하고 말한다면 이로 인해, 보건소에서 출산했다면 살았을 여성이 가정 분만으로 사망하는 경우가 분명히 생길 것이다.

　　마을 이장의 조건을 거절하자니 이렇게 가정 분만으로 인해 출산 도중 사망하는 여성이 생길 테고, 조건을 수락하자니 이 여성에게 정신적, 신체적 고통을 가하는 셈이 될 것이다. 더 나아가 앞의 사례에서도 보았듯 국경없는의사회 소속 의사가 직접 여성 할례를 시행했다는 사실로 인해 살리지 못하게 될 미래의 다른 환자도 함께 고려해야 한다.

　　이쯤 되니 머리가 터져버릴 것만 같다. 여성 할례 문화를 막기 위해 개입하자니, 눈앞의 산모가 가정 분만 도중 사망할 수 있고, 눈감고 여성 할례 문화를 모르는 체하자니 눈앞의 산모는 살리겠지만 산모에게 여성 할례라는 비인간적 고통을 가하게 된다. 또한 내 선택에 따라 국경없는의사회의 대외적 이미지에 타격을 줄 수도 있다. 도대체 무엇을 선택하란 말인가?

죽일 것인가, 아니면 죽일 것인가?

세상의 문화는 다양하며, 그중에는 분명 건강에 악영향을 끼치는 확실한 것들이 있다. 에티오피아의 축복 문화나, 중국의 전족 문화, 아프리카의 여성 할례 문화처럼 말이다. 그러나, 해당 집단의 건강 증진을 위해 의료적으로 개입하는 것이 모든 문화에서 항상 정답은 아니다.

스마트폰을 들여다보는 문화는 분명 안구 건강에 악영향을 미친다. 그렇다고 하여 스마트폰 금지령을 내리는 것이 정답은 아니다. 내연기관 자동차를 타는 문화는 매연으로 인해 분명 호흡기 건강에 악영향을 미친다. 그렇다고 하여 자동차 금지령을 내리는 것도 정답은 아니다. 회사 문화, 특히 사무직의 문화는 또 어떤가? 하루 종일 앉아서 모니터를 보며 작업하는 문화는 분명 안구와 손목, 허리 건강에 악영향을 준다. 그렇다고 해서 앉아서 모니터 보면서 작업하는 행위를 금지한다면 뭔가 우습지 않은가.

따라서 의사는 어느 문화에 개입할 것인지 선택을 내려야 만 한다. 무수한 문화 중 어떤 문화에 속한 이들의 건강 증진 을 위해 개입할 것인지, 그러니까 바로 '누구를 도울 것인지' 선택해야 한다. 물론 정해진 선택 기준 따위는 없다. 의사에게 는 그저 선택 권한과 선택해야만 하는 의무만 있을 뿐.

선택 자체도 중요하지만 선택한 후 어떻게 도울 것인지도 정말 중요하다. 단순히 위에서 아래로 내려오듯, 상명하복식 의 개입은 일제의 단발령처럼 오답일 경우가 많다. 그들의 입 장에서 그들 스스로가 중심이 되어 변화를 도모할 수 있도록 해야 할 것이다.

그렇지만 이것도 언제나 정답은 아니다. 아기를 존중한답 시고 아직 말도 못하는 아기에게 '먹고 싶은 게 뭐니? 네가 말 을 해야만 내가 그걸 갖다 줄 수 있어. 아무 말도 안 하면 아무 것도 못 해줘' 하는 식의 태도로 접근하는 것은 또 분명 오답 이다. 그러면 아기가 말을 시작하기도 전에 굶어 죽지 않겠는 가. 그러니 가끔은 부모가 자식에게 행하듯, 자식이 불만을 품 을지라도 수직적으로 접근하는 자세도 분명 필요하다.

정리하면 어떤 문화에 개입할 것인지 그리고 개입하기로 결정했다면 어떻게 개입할 것인지 의사는 선택을 내려야만 한다. 그 선택의 무게는 만만치 않다. 개입하지 않기로 결정했다면 그 문화로 인해 건강이 위협받는 이들을 애써 무시하는 셈이 될 테고, 개입하기로 결정했다면 나의 개입으로 인해 옛날 중국의 여성들이 수치심으로 자살을 한 것이나, 아프리카의 여성들이 가정 분만을 하게 되는 것처럼 사망하는 이도 분명 생길 수 있다는 점을 명심해야 한다.

따라서 나는 이 선택을 '죽일 것인가, 아니면 죽일 것인가'라고 표현하고 싶다. 꼭 '사망'만이 부정적 결과의 전부는 아니지만, 인간의 존엄성을 해친다면 그 또한 다른 형태의 '죽음'이라 볼 수 있기 때문이다.

전족 문화를 눈감고 애써 무시해버려 과거 중국 여성들을 신체적으로 죽일 것인지, 아니면 전족 문화를 금지하여 과거 중국 여성들을 정신적으로 죽일 것인지 의사는 선택해야 한다. 여성 할례 문화를 눈감고 무시하여 아프리카 여성들을 신체적·정신적으로 죽일 것인지, 아니면 여성 할례 문화에 반대하여 여성들을 가정 분만의 위험에 노출시킬 것인지 의사는 선택해야 한다.

"죽일 것인가, 아니면 죽일 것인가?" 무거운 질문이다. 그러나 회피할 수도 없다. 선택의 권한은 의사에게 있으나 동시에 선택해야만 하는 의무와 그에 대한 책임도 의사에게 있다. 그리고 바로 그 선택의 무게가 '흰 가운'의 무게라고 배웠다. 누구를 도울 것인가? 어떻게 도울 것인가? 대체 무엇이 선행인가? 어느 하나 쉬운 것 없는 질문 속에서 당신은 자신만의 답을 부디 찾을 수 있기를 간절히 바란다.

의료는 본디 침습적인 행위다. 신체에 대한 자유와 정면으로 충돌할 수밖에 없다. 신체에 대한 자유는 개인의 것이지만, 의사는 그 신체의 건강을 해치는 행위를 바로잡을 선행의 의무를 지고 있기에 해당 자유를 본질적으로 침해할 수밖에 없다.

그렇다면 언제 의료가 개입할 것이고, 어떤 방식으로 개입해야 하는 걸까? 자칫 상명하복식 '폭력'으로 다가갈 수도 있기에 신중해야 하지만, 반대로 너무 신중하게 접근하여 자율성을 과하게 존중한다면 선행의 의무를 저버리고 방관하는 셈이 되어버릴 수 있다. 자, 이제 스스로 답을 내려보자. "누구를 도울 것인가?"

"정의의 원칙들은 무지의 베일 속에서 선택된다."

_존 롤스(철학자)

Part 2

× **5** ×

누구부터
치료해야 할까?

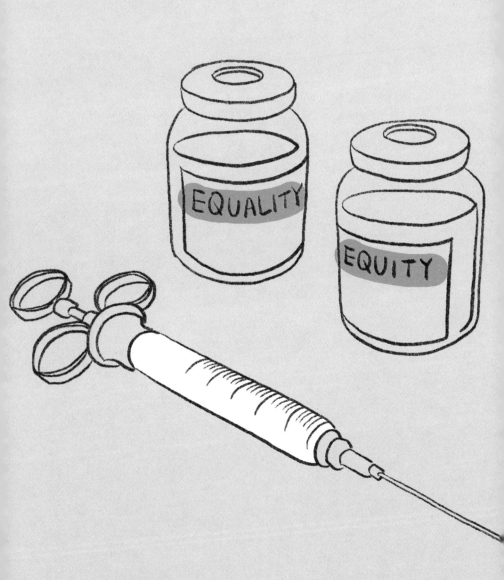

의료 자원은 어떻게 분배하나요?

앞서 이야기했던 의료윤리의 네 가지 원칙을 기억하는가? 〈자율성 존중의 원칙〉, 〈해악 금지의 원칙〉, 〈선행의 원칙〉, 〈정의의 원칙〉이었다. 이 중 〈정의의 원칙〉이 한정된 의료 자원을 어떻게 분배할 것인가에 대한 내용이었고, 이 질문에 대한 답은 '정의롭게 분배해야 한다'였다. 그러나 정의롭게 분배한다는 말 자체가 지니는 모호함으로 인해 고민거리가 생겨난다. 대체 무엇을 기준으로 분배해야 정의롭게 분배하는 것일까?

답을 잘 내리지 못하겠다면, 가끔은 의료 외 다른 분야에서 이 문제가 어떻게 이루어지는지 참고하는 것이 도움이 된다. 의료 분야에서는 의료 자원의 유한함이 분배의 문제를 야기하는 핵심 원인이지만, 이를 시장 분야로 대치해보면 이제는 상품의 유한함이 분배의 문제를 야기하는 핵심 원인이다. 이를테면 자동차가 한정되어 있을 때, 무엇을 기준으로 사람들에게 분배할지에 대한 답은 초등학교 사회 시간에 배운다. 바로 수요와 공급의 법칙이다. 수요와 공급의 법칙에 따라 시장 내

물가가 결정되고, 해당 가격을 지불할 수 있는 경제 능력이 있는 소비자들이 물품을 구매하게 된다. 이를 가리켜 '자유 시장 원리'라 한다.

그렇다면 의료 자원도 자유 시장 원리에 따라 분배하면 어떨까? 경제학 이론으로는 아무런 문제가 없어 보인다. 그러나 잊어서 안 되는 사항이 있다. 첫째, 의료 자원은 삶의 질 향상 정도가 아니라 생명과 맞닿아 있다는 점이고, 둘째, 의사가 반드시 지켜야 하는 의료윤리에 〈해악 금지의 원칙〉이 있다는 점이다. 의료 자원에 대한 수요는 기본적으로 모두에게 있기에, 수요와 공급의 법칙에 따라 가격이 결정된다면 값이 상당한 수준에서 책정될 것이다. 완벽한 비유는 아니지만, 미국에서 감기 한번 걸려서 병원 가면 수십만 원이 든다는 이야기를 한 번쯤 들어보지 않았는가.

그런데 이렇게 의료 자원에 상당한 가격이 책정된다면 분명 해당 가격을 지불하지 못하는 이가 생겨나며, 이는 단순히 돈이 없어 자동차를 못 사는 정도가 아니라 돈이 없어 건강을 포기하거나 심하면 생명을 포기해야 하는 상태가 된다. 상상해보라. 사고로 손가락이 잘렸는데 병원에 갔더니 손가락 봉합술 비용이 5000만 원이 든다고 한다. 하지만 내 수중에

1000만 원밖에 없다면? 안타깝지만 손가락을 포기해야만 하는 상황에 봉착할 것이다.

사실 이러한 상황이 안타깝기는 하지만 '악'은 아니라는 목소리도 분명히 있다. 의료가 완전한 자유 시장 체제로 돌아가는, 혹은 돌아갔던 사회도 분명 존재했으니 말이다. 그렇지만 잊지 말아야 하는 건, 의사로서 혹은 의학도로서 〈선행의 원칙〉과 〈해악 금지의 원칙〉을 지켜야 한다는 점이다. 만약 환자가 돈이 부족하다는 이유로 적절한 의료 자원을 지원받지 못해 건강이 나빠지거나 통증이 지속되어야 한다면, 이는 어쩌면 환자에게 해악을 가하는 셈이며 〈해악 금지의 원칙〉에 위배된다고 볼 수 있을지 모른다. 우리는 히포크라테스의 "해를 끼치지 말라"의 정신을 잊어서는 안 될 것이다.

그리하여 우리나라는 의료를 완전한 자유 시장 체제에 남겨두지 않고 정부가 개입하여 운영한다. 바로 건강보험 제도다. 전 국민이 정기적으로 건강보험료를 지불해 환자가 생겼을 때 그 환자의 치료비 일부를 건강보험이 부담하는 제도다. 취지 자체는 아주 좋아 보인다. 이 제도가 있다면 이제 환자가 돈이 없다는 이유로 치료를 포기하거나 사망하는 경우는 없을 것 같다.

그럼 이제 문제가 해결된 것인가? 이제 건강보험 제도를 통해 모두가 돈 걱정 없이 치료받을 수 있으니 '행복하게 오래오래 잘 살았습니다'로 이야기가 마무리될까? 아니다. 이 제도에 대해서도 역시나 비판의 목소리가 등장한다.

건강보험 제도에 의문을 한번 던져보자. "전 국민이 지불한 건강보험료를 소수의 환자를 위해 사용하겠다고? 환자의 건강이 전 국민의 책임인가?" 하고 말이다. 바로 이 지점이 첨예한 갈등이 이루어지는 순간이다. 건강은 개인의 책임인가? 아니면 사회의 책임인가?

건강은 누구의 책임인가요?

단순하게 생각한다면 건강은 개인의 책임이라 쉽게 말할 수 있다. 다름 아닌 '자신의' 건강이니까 그 책임도 '자신의' 것이라는 논리다. 예를 들어 내가 감기에 걸렸다면 이건 내가 따뜻하게 입고 다니지 않은 책임이고, 내가 당뇨병에 걸렸다면 이건 내가 건강하지 않은 식습관을 가졌기에 책임져야 하는 것처럼 말이다. 그리고 이런 관점에서 다시 건강보험 제도를 바라보면 이제 이상해지기 시작한다.

"옆집 철수가 한겨울에 반팔, 반바지를 입고 돌아다녀서 감기에 걸렸는데, 왜 그 치료비는 내가 낸 건강보험료로 이루어지는 거지?"

감기에 걸려서 병원에 가면 수십만 원이 청구된다는 미국처럼 철수에게도 수십만 원이 청구되어야 한다는 말이 아니다. 철수가 값싸게 치료받아서 건강해진 건 정말 다행인데, 왜 그 치료비가 내가 낸 건강보험료로 이루어지는지가 의문인 것이다.

내가 환자가 되어 의료 서비스를 받을 때는 별생각 없이 값이 싸서 좋을 수는 있지만, 조금만 생각해보면 값싸게 의료 서비스를 받기 위해서는 누군가의 돈이 나를 위해 사용되어야만 하고, 건강보험에서는 그 '누군가'가 바로 '사회'다. 그렇기에 감기에 걸린 누군가를 위해 내가 돈을 내고 있다는 사실을 인지하기 시작하는 순간 이런 의문이 피어오른다. '건강은 개인의 책임 아닌가?' 하고 말이다.

그렇지만 정말 건강이 개인의 책임이라 일축할 수 있을까? 생각해보자. 앞선 철수의 예시처럼 한겨울에 반팔, 반바지를 입고 다녀서 감기에 걸렸다면 그건 철수의 책임인가? 단순하게 생각하면 그럴지도 모르겠지만, 만약 철수의 집이 너무 가난해서 철수가 가진 유일한 옷이 반팔 한 벌, 반바지 한 벌뿐이라면? 여전히 그래도 감기에 걸린 건 철수 개인이 한겨울에 철없이 얇게 입고 다닌 탓인가? 아하, 철수가 가난한 건 어쨌든 철수 본인의 책임이니까 그에 따른 건강의 악화도 철수의 탓이라고? 그럼 만약 철수가 아직 중학생이고 아버지를 여의고 어머니가 편찮으신 상황이라 아무런 벌이가 없는 환경에 놓일 수밖에 없었다면? 그래도 여전히 철수가 가난한 건 철수 개인의 탓인가?

다른 예시들도 생각해보자. 만약 철수가 매일 사탕, 초콜릿처럼 너무 단 음식을 먹어 당뇨 등의 만성질환에 걸렸다면, 그건 철수의 탓인가? 옳거니, 이건 분명 철수가 나쁜 식습관을 가져서 생긴 거니까 확실히 철수의 탓이 맞다고? 그럼 만약 철수의 부모님께서 어릴 적 전쟁 등의 사회적 혼란으로 인해 영양학에 대한 기초 교육을 받지 못했고, 이 와중에 아버지가 돌아가시고 어머니는 편찮으셔서 철수가 학교에 다니지 못하고 아르바이트만 하는 상황이라 식습관에 불균형이 온 상황이라면? 그래도 여전히 철수가 만성질환에 걸린 건 밥을 든든하게 챙겨 먹지 않은 철수 탓인가?

또 이런 상황은 어떨까. 만약 40세인 민수가 과다한 알코올 섭취로 인한 알코올성 간경변증이 생겼다면? 이야말로 이제 는 민수 본인이 그저 술을 과하게 마셨기 때문에 생긴 것이니 까 민수의 책임이 확실한가? 그럼 만약 민수가 일용직 노동자 로 일자리를 유지하기 위해서 상사의 비위를 맞추기 위해 매 일같이 있는 술자리에 함께해야만 한다면? 그럼에도 여전히 알코올성 간경변증은 민수 개인의 탓인가?

의식주를 챙기는 데 큰 부담이 없는 입장에서 보면, 의식주 를 본인이 제대로 챙기지 않아 생기는 건강의 악화는 그저 게 으르고 미련한 개인의 탓으로만 보일 수 있다. 그렇지만 언제 나 잊지 말아야 할 것은 나에게 당연한 것이 누군가에게는 분 명 당연하지 않을 수 있다는 사실이다. 위의 철수나 민수의 예 시처럼 말이다.

건강이라는 건 생각보다 생활환경과 정말 밀접한 관계를 맺고 있다. 그리고 생활환경은 입장의 차이가 다소간 있겠지 만, 순전히 본인의 노력만으로 만들어지지 않는 경우가 많다. 왜, 태어나면서 '수저'를 물고 태어난다는 비유도 있지 않은 가. 물론 본인의 노력으로 메워지는 부분은 어느 정도 있겠으 나, 그렇다 할지라도 자신이 처한 생활환경에 대한 책임을 온 전히 본인에게만 묻는 것은 잔인할지도, 또 어쩌면 같은 사회

구성원으로서 무관심한 것일지도 모른다.

철수나 민수의 사례는 적어도 생활환경으로 인해 건강이 악화된 것이지만, 생활환경 때문이 아니라 아예 선천적으로 건강이 나빴거나 혹은 발달 과정 중에 건강이 나빠진 이들도 정말 많다. 전자를 선천성 질환, 후자를 발달성 질환이라 한다. 이런 질환과 비슷하지만, 사뭇 다른 개념인 유전성 질환도 있다. 상당수의 질환은 부모로부터 유전되는데, 이렇게 부모로부터 유전된 질환에 대한 책임을 본인에게 묻는 건 과연 정당할까?

물론 이 모든 질문에 대해서 여전히 "책임을 본인에게 지우는 것은 정당해. 본인의 운으로 인해 그런 환경에서 태어났거나, 선천성 질환, 발달성 질환, 유전성 질환을 갖게 된 거니까 그건 본인의 운일 뿐. 사회가 책임질 필요는 없어!" 하고 주장할 수도 있다. 운으로 인해 결정되는 다른 요소들, 이를테면 키, 외모, 피부색 등에 대한 책임을 사회가 지지 않으며, 키 크는 수술이나 성형수술에 대해 국가가 지원하지 않는 것처럼 말이다.

그렇지만 이 주장에 대해서 다시금 이런 반박이 가능하다. "키나 외모, 피부색이 건강을 좌우하지는 않으니 운으로 인한 결과에 대해 사회가 책임지지 않는 거지! 운에 따라 결정되는 결과 중 건강을 좌우하는 요소에 대해서만 사회가 책임지는 거야!" 하고 말이다.

그렇지만, 키나 외모, 피부색 등으로 인해 죽을 듯한 심리적 괴로움을 느끼는 이도 분명 존재한다. 건강은 신체적, 정신적 영역을 모두 포함하기에 이렇게 정신적 건강을 좌우하는 외모까지 사회가 책임져야 한다는 주장도 해볼 수 있다. 물론 동일한 내용을 근거로 하여, 정신적 건강을 좌우하는 외모에 대해 사회가 책임지지 않으니 신체적 건강 또한 사회가 책임질 필요 없다는 주장도 역시 해볼 수 있다.

이렇게 "건강은 누구의 책임인가?" 하는 이 질문 하나만으로도 책을 몇 권은 써볼 수도 있을 정도로 정말 어렵고 복잡하다. 전적으로 개인의 책임이라고 말하기도 어렵고, 그렇다고 전적으로 사회의 책임이라 말하기도 어렵다. 질환마다 그 책임 비율이 달라질 것 같고, 동일한 질환에 걸린 환자들 중에서도 개인의 책임과 사회의 책임의 비율이 전부 달라야 할 것 같다. 충분히 개인의 노력으로 교정 가능했던 생활습관으로 인해 건강이 악화된 것이라면 개인에게 더 책임을 부과하고 싶지만, 그와 동시에 '노력'은 그럼 개인의 책임인가, 혹은 운처럼 타고나는 재능인가 하는 의문도 다시 생긴다.

정답은 없다. 실제로 우리나라에서도 수많은 학자들의 열띤 토론을 통해 어떤 질환을, 또 그 질환에 대한 여러 치료 방법 중 어떤 치료를 보험제도가 보장할 것인지 그리고 보장한다면 얼마나 보장할 것인지 하나씩 조심스럽게 정하고 있다. 그렇게 신중히 정한 기준들마저도 토론을 통해 계속 변하고 있으니, 수학 문제처럼 객관적으로 실재하는 '정답' 같은 건 없다. 그렇지만 언제나 우리는 질문을 포기해서는 안 된다. 그저 손 놓고 '저 윗분들이 정해주겠지 뭐…' 하는 자세는 위험하다. 적극적으로 질문하고 여러 사람들과 이 문제를 함께 토론해보기를 바란다.

공평은 공정인가요?:
균등 분배

논의의 편의를 위해서 '건강은 누구의 책임인가?'에 대한 답으로 '건강은 100% 본인의 책임이다'라는 결론은 배제하고 이야기를 이어가자. 즉 사회의 책임도 어느 정도 존재하니, 의료 자원을 건강보험에서 지출한다고 가정해보자는 것이다. 이 가정이 없다면, 그저 '자유 시장 원리에 맡긴 채, 돈이 없으면 건강을 잃고 돈이 있으면 건강을 챙기면 된다'라는 너무나 간단한 결론이 나며 모든 이야기가 끝나버리기에, 한정된 자본인 건강보험의 분배에 관해 이야기해보자는 것이다. 자, 그럼 이제 나눠 먹을 파이가 정해졌으니, 누가, 얼마나 나눠 먹으면 좋을지 생각해보자.

사례

만약 당신이 한 고등학교의 3학년 부장 선생님이고, 전교생 200명이 모두 아프다고 가정하자. 물론 당신은 전교생 200명을 모두 치료해주고 싶다. 하지만 문제는 당신이 맡은 학년 외의 다른 학년의 학생들도 모두 아픈데, 보건실의 약물과 소독된 거즈, 알코올 솜 등의 의료 자원은 한정되어 있다는 것이다. 보건실의 의료 자원을 학년별로 배부할 권한을 지닌 사람은 바로 교장 선생님이다. 자, 그럼 당신은 교장 선생님에게 무엇을 근거로 들며 보건실의 의료 자원을 최대한 할당받아 오겠는가? 혹은, 만약 당신이 교장 선생님이라면 무엇을 근거로 보건실의 의료 자원을 학년별로 할당하겠는가?

학년이 세 개이고 모든 학년의 학생들이 건강하지 않은 상태이므로, 단순하게 의료 자원을 동등하게 3분의 1씩 나눠 갖는 방법을 생각해볼 수 있다. 그렇지만 의료 현장에서 '건강하지 않다'는 것은 단 하나의 상태로 규정할 수가 없다. 이를테면 누군가는 콧물만 살짝 나오거나 종이에 살짝 베인 상태일 수 있지만, 또 누군가는 요리 실습을 하던 중 손가락이 잘렸거나 몸에 화상을 입었을 수도 있다. 이렇게 '건강하지 않음'이라는 상태를 그 내면을 보지 않은 채 하나로 뭉뚱그려 생각해서 의료 자원을 나눈다면 공평하긴 하지만 불공정한 분배를 초래할 수 있다.

공평equality은 공정equity과 비슷하게 느껴지지만 분명히 그 의미가 다르다. 어릴 적, 두 단어의 차이를 보여주는 〈상자 분배 이야기〉를 들은 적이 있다. 내용은 이렇다. 담장 안에서 벌어지는 야구 경기를 보고 싶은 세 사람이 담장 밖에 있는데, 한 명은 키가 충분히 커서 그냥 서서도 보이고, 다른 한 명은 키가 조금 작아서 아쉽게 경기를 못 보고, 나머지 한 명은 키가 매우 작아서 아예 경기가 안 보이는 상황이다. 그 옆에는 밟고 올라설 수 있는 크기와 모양이 같은 나무상자 세 개가 있다. 이들에게 상자를 어떻게 분배해야 할까?

'공평'이란, '물질적인 측면에서 어느 쪽으로도 치우치지 않음'이라는 의미이고, '공정'이란 '윤리적 측면에서 올바름'이라는 의미를 갖고 있다. 따라서 이 상황에서 상자를 공평하게 분배한다면 세 명에게 똑같이 상자를 한 개씩 나눠주어야 한다. 그러나 이렇게 분배하면 가장 키가 작은 사람은 여전히 경기를 보지 못한다. 반면, 공정하게 분배한다면 가장 키가 큰 사람은 그냥 서서도 경기를 볼 수 있으니 상자를 주지 않고, 가장 키가 작은 사람에게는 상자를 두 개, 중간 키를 가진 사람에게는 상자를 한 개 주면 모두가 야구 경기를 볼 수 있다. 아래 그림처럼 말이다.

©ISC, angus maguire

사실 여기까지만 보면 누구나 '옳거니, 공평보다 공정이 더 좋은 거구나!' 하고 생각해볼 수는 있다. 그렇지만 사실 나는 이 〈상자 분배 이야기〉를 그리 좋아하지는 않는다. 그 이유는 다음과 같다.

첫째, 이 이야기에서는 기가 막히게 상자가 딱 세 개만 있었기에 공평한 분배와 공정한 분배 간의 차이를 극명하게 보여줄 수 있지만, 만약 상자가 두 개였다면 이젠 무엇이 공평이고 무엇이 공정인가? 상자를 톱으로 잘라 3분의 2개씩 나눠주는 게 공평인가? 그럼 공정은? 답하기 어렵다. 이렇게 기가 막히게 상자가 딱 세 개만 있지는 않은 상황에 대해 이 〈상자 분배 이야기〉는 답하지 못한다.

둘째, 상자 개수에 차이를 두어 분배해 모두가 다 야구 경기를 볼 수 있게 된 것을 가리켜 공정이라 했는데, 그렇다면 공정한 분배란 결과적 공평을 의미한다는 결론이 나온다. 그렇지만 이건 모순이지 않은가. 공평과 공정이 다른 것이라면서 든 예시의 결과가 '공정'은 '결과적 공평'이라니! 그리고 혹자가 만약 이런 오해를 갖고 있다면, 그에게 공정이란 결과적 공평만을 의미하는 것이며, 따라서 만약 그가 결과적으로 공평하지 않은 상황에 놓였을 때 '이건 공정하지 못한 분배야!' 하는 결론에 다다를 수 있다.

그런데 의료 자원은 모두가 결과적으로 공평하게 건강하고 행복하게 살 수 있을 만큼 준비되어 있지 않다. 기가 막히게 상자가 딱 세 개가 마련되어 있지 않고, 두 개 혹은 한 개만 있다는 말이다. 따라서 의료 자원의 분배에 있어서 '결과적 불공평'은 필연적인데, 그렇다면 어떻게 분배하든 무조건 '불공정'이라는 결론에 다다르지 않겠는가.

따라서 공정과 공평의 차이를 이 〈상자 분배 이야기〉에만 의존하여 이해하는 것은 오해의 여지가 존재한다. 그렇지만 하나 확실한 건, 상자 개수에 차등을 두어 0개, 1개, 2개로 분배하는 것이 공정이라 쉽게 말하기는 어려울지언정, 상자 개수에 차등을 두지 않고 모두 동일하게 분배하는 것이 '공평'임은 확실하며, 공평이 언제나 공정은 아니라는 점도 의심할 여지 없이 '참'이다.

즉, 학생들의 건강 상태에 대한 면밀한 관찰 없이, 단순히 의료 자원을 3분의 1씩 균등 분배하는 것은 절대 정답이 될 수 없다. 자, 그럼 이제 무엇을 기준으로 분배해야 할까?

효율은 생명인가요?:

비용 - 효과적인 질병에 걸렸어야 했는데…!

앞서 건강하지 않은 상태에 대한 면밀한 관찰 없이 단순히 공평하게 분배하는 것은 옳지 않다고 했으니, 그럼 건강하지 않은 상태에 대한 관찰을 통해 그들을 어떻게 다시 분류할 수 있을지 생각해보자. 〈상자 분배 이야기〉에서 담장 밖에 있는 이들을 키에 따라 분류하여 상자를 차등 분배한 것처럼 말이다.

칼에 목이 찔린 사람과 칼에 손끝이 베인 사람을 비교해보자. 아주 쉽다. 전자는 치료하지 않으면 사망할 가능성이 높지만, 후자는 치료하지 않아도 죽지는 않는다. 더 나아가 자연 치유를 기대해볼 수도 있다. 이처럼 첫째, 건강하지 않은 상태를 분류하는 기준으로는 '치료하지 않았을 때의 예후'가 있다.

칼에 목이 찔린 사람과 손끝이 베인 사람의 차이는 치료하지 않았을 때의 예후 외에도 또 있다. 칼에 손끝이 베인 사람을 치료하는 데 필요한 건 감염을 예방하기 위한 소독솜과 밴드 정도가 전부다. 많이 준다고 해도 간단한 봉합을 위한 소독된 실과 바늘, 거즈 두세 장과 반창고 정도면 충분하다. 그렇지만 칼에 목이 찔린 사람을 치료하기 위해서는 대수술이 필요하다. 열거하면 손이 아플 정도의 수많은 장비와 도구, 인력이 동원되어야 한다. 이처럼, 건강하지 않은 상태를 분류하는 기준으로는 둘째, '치료하는 데 드는 자원'을 생각할 수 있다.

또 다른 차이를 생각해보자. 칼에 손끝이 베인 사람은 내 주변에서도 한 달에 한두 명씩은 꼭 보인다. 그렇지만 칼에 목이 찔린 사람은 태어나서 지금까지 내 주변에서 단 한 번도 본 적이 없다. 이처럼, 흔한 질환인지 흔치 않은 질환인지의 차이도 존재한다. 즉, 건강하지 않은 상태를 분류하는 세 번째 기준으로 '환자 수'를 생각할 수 있다.

이렇게 논의된 세 가지 기준을 다음과 같이 정리했다.

(A) 치료하지 않으면 사망함 / (a) 치료하지 않아도 사망하지 않음

(B) 치료하는 데 적은 자원이 듦 / (b) 치료하는 데 많은 자원이 듦

(C) 환자 수가 많음 / (c) 환자 수가 적음

사실 건강하지 않은 상태를 위의 세 가지 기준에 따라 분류한다고 하여 (A)나 (a) 중 하나로 칼같이 나눠지는 식으로 분류되지는 않는다. 치료하지 않았을 때의 상태는 다양한 스펙트럼으로 나타날 테고, 마찬가지로 치료하는 데 들어가는 자원이나 환자 수도

스펙트럼 형식으로 나타날 것이기 때문이다. 세 가지 기준에 따라 분류하는 데 필요한 건 2×2×2짜리 표가 아니라 x축, y축, z축으로 이루어진 좌표 공간이다.

또, 건강하지 않은 상태를 분류하는 기준으로 위의 세 가지 외에 다른 기준들도 충분히 고려해볼 수 있다. 이를테면 '전염성이 강한가, 얼마나 오랜 기간 치료를 요하는가, 치료 후 재발 가능성이 얼마나 높은가' 등이 있다. 그렇기에 실제 상황에는 고려할 사항이 훨씬 많겠지만 우선 논의의 편의를 위해 이렇게 세 가지 기준만 가지고 생각해보자.

만약 둘 중 하나의 질환만을 치료할 수 있는데, 1번 질환은 치료하지 않으면 사망하고(A), 치료하는 데에 적은 자원이 들며(B), 이 질환에 걸린 환자 수도 많은 데(C) 반해, 2번 질환은 치료하지 않아도 사망하지 않고(a), 치료하는 데에 많은 자원이 들며(b), 이 질환에 걸린 환자 수도 극히 드물다(c)고 가정하자. 그럼 당신은 한정된 의료 자원으로 1번 질환을 치료하겠는가, 2번 질환을 치료하겠는가?

이 질문이 시사하는 의료 자원 분배의 기준은 바로 '효율'이다. 1번 질환은 적은 양의 자원으로 더 큰 의학적 효과(사망할 환자를 살리는 것)를 내고, 더 많은 환자를 살릴 수 있으므로 효율이 높다. 그러나 2번 질환은 더 많은 양의 자원으로 더 적은 의학적 효과를 내고, 환자 수도 적으므로 효율이 낮다. 따라서 효율, 즉 비용 – 효과에 따라 판단한다면 1번 질환을 치료하는 데에 의료 자원을 분배하는 것이 합당할 것이다.

선배 의사들로부터 전해 듣기로 현재 의료 자원 분배 과정에서 핵심적인 기준 중 하나가 바로 이 '효율'이라고 한다. 즉, 치료하는 데 들어가는 자원이 적을수록, 치료하지 않았을 시 예후가 나쁠수록 그리고 그 질환을 가진 환자 수가 많을수록 우선으로 자원이 할당된다는 것이다.

이런 효율은 비단 우리나라에서만이 아니라, 국제 보건에서도 의료 자원 할당의 기준이 된다. 국제 보건을 기획하는 입장에서 생각해보면, 자원은 한정되어 있지만 도움이 필요한 분야는 정말 많다. 의료 시스템이 열악한 국가에서는 사실상 모든 의학 분야에 대한 원조가 필요하다. 그러나 그 모든 분야를 원조하는 것은 자원의 한계상 불가하다. 그렇기에 국제 보건에서는 'DALY Disability - Adjusted Life Years(질병부담지수)'라는 지표를 통해 질환의 심각성에 따라 순위를 매기고, 그중 높은 순위를 차지하는 질환 중 적은 양의 자원으로 큰 치료 효과를 낼 수 있는 질환 위주로 원조를 시작한다.

이 기준에 부합하는 3대 질환이 바로 'ATM'이라고 축약되는 에이즈AIDS, 결핵Tuberculosis, 말라리아Malaria이며, 따라서 이 3대 질환에 대해 세계 기금Global Fund에서는 매년 40억 달러의 예산을 사용하고 있다. 더 나아가, 국제 보건에서는 원조 방법과 지속 여부를 결정하기 위해 정기적으로 지원 대비 발전한 정도를 수치화해 보고하는데, 그 정도가 높을수록 '높은 효율'임을 나타내는 셈이며 따라서 이듬해에 그 분야에 지원을 유지하거나 늘리는 식으로 흘러간다.

이렇게 효율을 기준으로 삼아 의료 자원을 분배하면 되니 이제 고민은 끝이라 생각할 수 있다. 그러나 효율 위주로 원조를 하려 해도 고민거리는 여전히 존재한다.

첫째는 기준 간 순위를 매겨야 하는 문제다. 만약 앞선 세 가지 기준에 따라 분류한 결과, (A),(B),(C)에 전부 부합하는 질환과 (a),(b),(c)에 전부 부합하는 질환만 존재한다면 우선순위를 매기는 게 무척이나 쉽다. 그러나 만약 (a),(B),(C)인 질환과 (A),(b),(c)인 질환이 있다면 이 둘 간의 우선순위는 어떻게 매기겠는가? 즉 치료하지 않는다고 사망하지는 않지만, 치료하는 데에 드는 비용이 적고 환자 수는 많은 질환이 있고, 치료하지 않으면 사망하지만 치료하는 데에 드는 비용이 무척 크고 환자 수는 적은 질환이 있다면, 둘 중 어디에 의료 자원을 분배해야 한단 말인가? 즉, 세 가지 기준 간의 순위를 어떻게 매겨야 할까?

현실에서는 세 가지 기준 중 '치료하지 않았을 때의 예후(Aa)'를 최우선순위로 두는 것 같다. 그렇기에 기생충 감염은 전 세계에서 10억 명이나 갖고 있을 정도로 환자 수가 많고(C), 치료하는 데 드는 비용도 적지만(B) [실제로 단돈 몇 천 원의 약물을 연간 1회, 많아야 3회 투약만으로 치료할 수 있는 경우가 많다] 기생충 감염으로 인해 사망까지 이르는 경우는 소수기에, 기생충 감염은 주로 열대 기후의 저개발국에서 발생하는 '소외열대질환Neglected Tropical Diseases(NTDs)'라 불리며 전 세계적 눈길이나 제약회사의 관심을 받지 못하고 있다.

그러나 기생충 감염은 사망까지 일으키지는 않지만 일상생활을 지속하기 어렵게 만들며, 이로 인해 경제활동이 불가능해져 환자들이 가난의 악순환에서 벗어날 수 없게 되는 핵심 원인이다. 따라서 무려 10억의 인구에 육박하는 그들을 가난의 악순환에서 벗어나게 하기 위해서는 NTDs에 대한 지원이 필요한 것이 분명한데, 기생충 감염은 '효율' 측면에서 ATM에 밀리는 것이 현실이다. 이 현실은 '정의롭게 분배하여야 한다'는 〈정의의 원칙〉이 제대로 실현되고 있는 것일까?

둘째는 본질적인 문제다. 과연 효율이 기준이 되어도 괜찮을까? 효율을 기준 삼아 자원을 분배한다는 말은 다시 말해, 비용-효과적인 질환에 걸렸다면 살 수 있고, 그렇지 못한 질환에 걸렸다면 살지 못한다는 뜻이다. 그런데 문제는 비용-효과적인 질환에 걸릴지 말지는 본인의 선택이 아니라 '운'이라는 점이다. 아니, 그런데 우리는 앞서 운에 따라 건강이 좌우되는 것은 정당하지 않다는 이유로 자유 시장 원리에 따라 의료가 흘러가도록 내버려두지 않겠다고 하지 않았는가? 그런데 그저 운이 나빠 비용-효과적이지 않은 질환에 걸렸다는 이유로 나는 죽고, 옆집 순이는 운이 좋아 비용-효과적인 질환에 걸렸다는 이유로 살 수 있다면 과연 이것은 정당한가?

철학자 존 롤스John Rawls는 1971년 출간한 『정의론A Theory of Justice』에서 무지의 베일veil of ignorance(사회의 모든 구성원들이 마치 베일로 가려진 듯이 서로의 신분과 사회·경제적 지위, 능력, 가치관, 목표 등을 알지 못하는 상황에 놓인 것) 속에 들어가 있다는 가정하에 결정하는 것이 '정의'라고 했다. 무지의 베일 속에서는 자신이 운이 좋을지, 운이 나쁠지 전혀 알 수 없으므로, 사회적 합의를 이뤄야 할 때 운에 따라 형성되는 차이를 최소화하는 방향으로 고려하게 된다. 이 입장을 현대사회에서도 상당 부분 받아들여 최대한 운에 따른 차이를 최소화하려는 방향으로 사회적 합의를 이루곤 한다. 그런데 환자가 걸린 질환의 효율이 좋거나 나쁘다는 것은 순전히 운에 따른 차이일 뿐인데, 바로 이것을 기준으로 자원을 분배한다면 과연 롤스의 '정의론'에 따라 보았을 때 이는 정의로운 분배일까?

너무 가정으로만 설명하고 있는 것 같으니, 실제 질환을 예시로 살펴보자. '망막모세포종'이라는 질환을 들어보았는가? 이 질환은 이름에서 드러나듯 망막에 생기는 종양, 즉 암이다. 쉽게 그냥 눈에 생기는 암이라 생각하면 된다. 망막모세포종은 보통 한 살 전후의 아기에게 생기며, 만약 많이 진행되지 않았다면 방사선치료나 항암 치료를 시도해볼 수 있지만 방사선과 항암 치료만으로 치료되지 않는다면 안구를 적출해야만 한다.

세상 어떤 부모가 한 살도 되지 않은 아기의 눈을 마음 편히 적출하겠다는 결정을 내리겠는가? 그렇지만 현실을 받아들일 수 없어 안구적출 시기를 놓치면, 눈은 뇌와 곧장 연결되기 때문에 종양이 뇌로 퍼져 결국 아기는 사망하게 된다. 따라서 망막모세포종은 현재로서는 최대한 빨리 발견해서 방사선과 항암 치료를 시도하고, 그래도 안 되면 안구를 적출하는 것이 최선이다. 운이 나빠서 생기는 암인데 운에 따른 결과가 너무 잔인한 질환이다.

이렇게나 심각한 질환이지만 널리 알려지지 않은 이유는 환자 수가 극히 드물기 때문이다. 영유아 2만 명 중 1명 정도의 비율로 발생한다고 알려져 있다. 이 암을 치료하는 가장 확실한 방법은 수술이지만, 이 종양에서는 수술이 곧 '안구적출'을 의미하기에 수술 전에 방사선치료와 항암 치료가 더욱 많이 연구되어야 할 것이다. 만약 망막모세포종을 치료할 수 있는 좋은 항암제가 개발된다면 얼마나 좋겠는가? 안구를 적출할 필요도 없고, 의사가 아기의 안구를 적출할 결정을 내려 달라는 마음 찢어지는 말을 부모에게 할 필요도 없어지지 않겠는가?

그렇지만 정말 안타까운 점은 망막모세포종에 대한 연구비가 국가에서 지원되지 않는다는 것이다. 그 이유는 역시나 효율이다. 위암, 간암, 유방암, 전립선암 등 다른 종양에 비해 환자 수가 극히 드물기에 같은 돈을 투자한다면 훨씬 더 많은 수의 환자가 걸리는 다른 암의 연구에 지원하는 것이 낫기 때문이다.

효율에 근거해 의료 자원의 분배가 결정되는 현실을 비난하려는 것이 아니다. 언제나 그렇듯 나는 그저 물음표만 던질 뿐이다. 망막모세포종에 걸린 아기의 생명도 중요하지만 그와 동등하게 다른 암에 걸린 환자들의 생명도 마찬가지로 소중하지 않은가. 기생충에 감염되어 극심한 고통 속에 가난의 굴레를 끊지 못하는 10억 인구의 삶도 소중하지만, 그와 동등하게 에이즈, 결핵, 말라리아에 걸린 이들의 생명도 역시나 소중하지 않은가. 따라서 효율에 근거한 의료 자원의 분배를 함부로 비난해서는 안 된다.

하지만 비난할 수 없다고 하여 그것이 정답이라는 것을 의미하는 것도 절대 아니다. 어쩔 수 없이 내려진 답이 효율이라면 그보다 더 나은 답은 없을지 계속 고민해야 한다. 효율을 근거로 의료 자원의 분배를 지속해야겠다면 그 판단에 따른 의료 사각지대를 잊어서는 안 된다. 그래도 하나 당부하고 싶은 건, 무엇을 답으로 내리든 "비용 – 효과적인 질병에 걸렸어야 했는데…!" 하며 그저 운이 나빠 건강을 포기하고 생을 마감해야 하는 이들의 목소리를 잊지는 않았으면 한다.

의지박약은 살 가치도 없나요?:
줄탁동시의 논리

병아리가 부화하는 광경을 한 번이라도 본 이는 알겠지만, 병아리는 혼자서 씩씩하게 알을 깨고 나오지 않는다. 그러기엔 알 속의 병아리는 부리가 너무 연해, 단단한 알껍데기를 깰 수 없기 때문이다. 그래서 병아리는 알을 깨기보다는 안에서 쪽쪽 빠는데, 이렇게 알에서 쪽쪽 빠는 소리(啐)가 들리면 어미 닭은 밖에서 알을 쪼기(啄) 시작한다. 이렇게 병아리가 쪽쪽 빠는 것과 어미 닭이 밖에서 알을 쪼는 것이 동시同時에 일어나야 비로소 병아리는 알을 깨고 세상으로 나온다. 그리하여 이를 가리켜 줄탁동시啐啄同時라 한다. 여기서 중요한 것은 병아리 스스로의 몸부림이 없다면 어미 닭도 그를 도울 수 없다는 점이다.

줄탁동시의 논리는 의료 현장에서 의료 자원의 분배 기준으로 종종 고려되곤 한다. 알코올 중독으로 인한 알코올성 간경변증으로 간이식을 받아야만 하는 환자와, 바이러스성 간염에 의한 진행성 간경변증으로 인해 간이식을 받아야만 하는 환자를 생각해보자. 이식할 수 있는 간은 오직 한 개뿐이다. 당신이 만약 의사라면, 둘 중 누구에게 간이식을 시행하겠는가?

이미 마음은 후자의 환자로 기울었을 성싶다. 알코올성 간경변증 환자는 자신이 스스로 과다한 음주로 인해 간 건강을 망친 것이지만 후자는 그게 아니니, 건강을 유지하고자 하는 몸부림(몸부림)이 없는 환자에게 의료 자원을 분배(分配)하는 건 불합리해 보인다. 이게 바로 의료 현장에서 줄탁동시의 논리가 이루어지는 순간이다.

그러면 실제로 간이식은 어떤 것을 기준으로 이루어질까? 환자가 과다한 음주로 간 건강을 망쳐서 괘씸하다는 이유로 의사가 자의적으로 해당 환자의 간이식을 후순위로 미룰 수는 없다. 실제로 만성 간질환을 가진 환자에서 간이식의 순위를 결정하는 기준은 미국에서는 2002년부터, 우리나라에서는 2016년 6월부터 멜드Model for End-stage Liver Disease(MELD: 말기 간 질환 모델) 점수를 따른다. 점수 책정 과정에서 고려되는 요소는 크레아티닌(근육에서 생성되는 노폐물로 대부분 신장에서 배출된다), 빌리루빈(적혈구가 파괴되면서 발생하는 색소로 담즙의 구성 성분 중 하나이다), 국제표준화비율INR(혈액 응고 시간을 국제적으로 표준화한 단위)처럼 간 질환의 중증도를 대표하는 값이 주로 차지하지만, 이에 '0.643× 간경변증의 원인' 값을 더해 총 6점에서 40점까지의 점수를 매겨, 값이 클수록 우선순위가 된다. 이때, 간경변증의 원인이 알코올인 경우 '간경변증의 원인' 자리에 '0'을 대입하고, 기타 원인이면 '1'을 대입한다. 즉, 원인이 알코올인지 아닌지가 주된 부분을 차지하지는 않으나, 간 질환의 중증도가 유사한 환자들끼리 비교할 때에는 원인이 알코올인 경우 후순위로 밀려나는 것이다.

이식할 수 있는 간은 무한정 많지 않다. 돈을 낸다고 무조건 살 수 있는 것도 아니다. 따라서 기증된 간이 의미 있기위해서는 수혜자가 그 간을 받고서 건강한 삶을 영위할 수 있어야 한다. 그리고 이를 위해서는 환자가 건강한 삶을 유지하겠다는 의지(意志)가 보여야 할 것이다. 따라서 한정된 의료 자원을 분배하기 위한 논리로 줄탁동시가 등장한다.

여기까지 보면 별다른 의문 없이, '줄탁동시라… 꽤 괜찮은 기준인데?' 하는 생각이 들 수 있다. 하지만 환자를 사랑으로 치료하는 의사를 꿈꾸는 의학도라면 이런 의문을 던질 수 있어야 한다.

"환자의 의지가 의료 자원 분배의 기준이 되는 것이 과연 타당한가?"

의사가 환자를 치료하는 근본적인 이유는 그에 대한 사랑이다. 그저 그가 건강해졌으면 하는 순수한 마음, 애정 말이다. 환자가 치료비를 냈기 때문이라든가 윤리 원칙을 지켜야 하기 때문이라는 등의 다른 이유가 아니다. 그렇다면 마치 자식을 포기하는 부모가 없는 것처럼, 의지가 있는 환자든 없는 환자든, 의사라면 그 누구도 끝까지 포기해서는 안 되지 않을까? 설사 환자 스스로가 포기할지라도 의사는 끝까지 그 곁을 지켜야 하지 않을까? '네가 의지가 있다면 치료해줄게'라는 식의 사랑은 사랑이 아닌 단순한 '계약' 아닐까?

의지에 따라 순위를 매기는 것이 옳다고 하더라도 이게 말처럼 쉽기만 한 것은 절대 아니다. 실제로 알코올 중독, 혹은 알코올 의존이 있는 환자는 단순 의지박약이 아닌 경우가 많기 때문이다.

알코올 중독 환자 중 절반은 선천적으로 타고나기를 술에 쉽게 의존하게 되는 체질이며, 나머지 절반은 후천적으로 환경에 의해 술에 의존한다고 한다. 전자의 경우는 선천적인 체질의 문제인데 이를 과연 의지가 박약한 것이라 치부해버릴 수 있을까? 후천적인 경우는 또 어떤가? 환경에 의해 술에 의존한다는 것을 풀어 말하자면, 이를테면 소중한 사람을 잃었거나 꿈이 꺾였거나, 삶의 이유를 상실하는 모종의 사건을 겪었는데 정서적으로 지지해줄 가족이나 친구가 아무도 없어 의지할 곳이 술밖에 없는 경우를 의미한다. 이런 환경에 처한 이가 술에 의존한 것을 정말 의지박약이라 치부해버릴 수 있을까? 아니, 오히려 삶을 끝까지 놓지 않기 위한 필사적인 의지로서 한 가닥 동아줄인 '술'을 꼭 붙잡고 있는 건 아닐까?

역시나 이번에도 답은 없다. 줄탁동시의 논리는, 비단 사자성어를 넘어서 서양의 '하늘은 스스로 돕는 자를 돕는다'라는 격언이나, '구하라, 그리하면 얻을 것이다'라는 성경 문구처럼 동서고금을 뛰어넘는 진리처럼 전해져왔다. 벌레를 물어 온 어미 새가 입을 더 크게 벌리는 아기 새한테 먹이를 먼저 주는 것처럼, 어쩌면 줄탁동시는 동서고금을 넘어 애초에 자연의 법칙일지도 모른다. 그러므로 줄탁동시의 논리에 따라, '의지'에 근거해 의료 자원을 분배하는 건 꽤 합리적일 수도 있다.

그렇지만 우리는 자식이 의지가 없다고 하여 부모가 자식을 포기하지는 않는다는 사실과, 아기 새가 입을 작게 벌린 건 그 새가 삶의 의지가 없어서 그런 것이 아닐 수도 있다는 가능성을 잊어서는 안 된다. 늘 말하지만, 물음표만 있을 뿐 정답은 없다. 의지가 있는 이를 먼저 살리는 것이 옳을지, 그렇다면 의지가 박약한 환자는 사망해도 괜찮은지, 그저 스스로와 대화하며 자신의 답을 찾아보길 바란다.

내 목숨은 가볍나요?

답을 찾기 어렵지만 하나 확실한 건, 의료 자원은 한정되어 있다는 것이다. 앞서 살펴본 〈상자 분배 이야기〉에서 야구 경기를 모두가 다 볼 수 있도록 나무상자를 0개, 1개, 2개로 분배하는 것이 공정이라는, 그러니까 결과적 공평을 이루어야만 공정이라는 논리는 어디까지나 나무상자가 3개씩이나 있을 때의 이야기다. 만약 나무상자가 2개밖에 없다면 이젠 무엇이 공정인가? 하늘에서 나무상자 한 개가 더 떨어지지 않는 한, 어찌 됐든 누군가는 경기를 못 볼 수밖에 없다. 즉 결과적 공평을 절대로 이룩하지 못하는 상황은 분명 존재하고, 그런데도 의사는 그런 상황 속에서 공정을 포기하지 않고 〈정의의 원칙〉을 지키기 위해 애써야 한다.

"80억 인구 모두가 행복하고 건강하게, 의료 자원이 부족하다 느끼지 않고 오래오래 잘 살았답니다…" 이건 어디까지나 소설 속 이야기일 뿐이다. 의료 자원은 한정되어 있기에 절대로 결과적 평등을 불러올 수 없다. 누군가는 우선순위에서 밀려날 수밖에 없고, 이는 단지 피자를 덜 먹게 됐다거나 담장에 가려 야구 경기를 못 보는 수준이 아니라, 건강을 잃고 생명을 잃는 것에 관한 이야기다.

만약 당신이 우선순위에서 밀려나는 처지에 놓였다고 생각해보자. 이를테면 노인과 아이들부터 살려야 하므로 20대에서 50대에 속하는 이들이 후순위로 밀려났다든가, 혹은 반대로 사회적 유용성이 높은 이들부터 살려야 하므로 노인과 아이들이 후순위로 밀려났다든가 하는 식으로 말이다. 어떤 기준을 적용하느냐에 따라 누구나 우선순위가 될 수도 있고 후순위로 밀려날 수도 있다. 그렇게 모종의 기준이 적용되어, 이웃집 철수는 약을 받아서 살았는데 나는 약이 없어 사망해야만 하는 상황을 가정해보자는 거다. 그럼 이런 의문이 든다.

"내 목숨은 가볍나요?"

실제로 우리는 뉴스에서 간혹 이런 기사를 접한다. 〈장중첩증(장의 한 부분이 장의 안쪽으로 말려 들어간 것) 아이, 받아주는 응급실 없어 뺑뺑이 돌다 목숨 잃어…〉 이런 기사를 접하면 안타까움과 분노가 함께 차오른다. 아이를 받지 않은 응급실이 그 아이의 생명을 등한시한 것 같다는 생각에 그 분노의 화살이 병원과 의료진을 향한다. 병원이 아이를 받았다면 아이가 살 수 있었을 텐데, 왜 받지 않았느냐는 분통과 원망의 화살 말이다.

너무나 안타까운 사건이지만 우리가 잊지 말아야 하는 건 병원이 그 아이를 받는 순간, 그로 인해 응급실의 또 다른 누군가가 목숨을 잃을 수도 있을 것이라는 점이다. 의료 자원은 한정되어 있기 때문이다. 응급실 병상은 무한하지 않다. 환자가 생겼다고 해서 하늘에서 침상이 하나 뚝 내려오지 않는다는 말이다. 그래서 응급실에서는 한정된 의료 자원을 어떻게 분배할 것인가에 대한 끝없는 토의와 면밀한 고민이 이어진다. 특히나 지난 코로나 사태처럼, 공급에 비해 수요가 넘칠 때는 더욱 신중해진다.

우선순위에서 밀렸다고 해서 그 목숨이 타인의 목숨보다 가볍다는 것을 의미하지 않는다. 민준이와 윤서, 두 명을 부를 때 '민준아, 윤서야!' 하고 불렀다고 해서 내가 민준이를 먼저 불렀으니 그를 더 중요하게 생각한다는 것을 의미하지는 않는 것처럼 말이다. 동시에 살리는 것이 불가능한 상황은 의료 현장에서 비일비재하다. 어느 약국에나 쌓인 약만 먹으면 금방 건강을 되찾는 간단한 질환이라면 공급이 수요보다 많으니 문제가 되지 않지만, 분명 질환 중에는 수요가 공급을 초월하는 경우가 있다. 그리고 그런 상황에서 의사는 선택의 무게를 짊어지게 된다.

지금까지 길고 복잡했던 분배 이야기를 꺼낸 건, 의료 자원의 분배가 단순히 목숨의 경중을 따지는 행위가 아니라는 점을 전하고 싶어서다. 단순히 장중첩증 아이보다 응급실에 먼저 온 사람의 목숨이 더 중요하다거나, 혹은 장중첩증 아이가 선착순에서 밀려났기 때문에 응급실에서 그 아이를 받지 않은 것이 아니다.

생명의 경중은 그 누구도, 감히, 함부로 따질 수 없다. 그러나 결과석 불공평이 '불공정함'을 의미하지도 않는다. "결과적으로 모두가 건강을 되찾았답니다" 하는 결과적 공평만이 '공정'이라고 착각한다면, 의료 현장은 여기저기 불공정만으로 가득 찬 공간이 되어버린다. 그러나 실상은, 결과적 불공평이 있을 수밖에 없는 상황 속에서 공정함을 찾기 위해 의사는 〈정의의 원칙〉을 수없이 되뇌며 끝없이 고민을 거듭한다. '불공정함'과는 상당히 거리가 있는 모습이다.

앞서 몇 번 말했듯이, 의사는 선택의 권한을 지님과 동시에 선택을 해야만 하는 의무도 지니고 있으며 그 선택에 따른 결과도 짊어져야만 한다. 사실 그 무게가 얼마나 무거울지 상상조차 안 된다. 그래도 흰 가운을 입기 위해 노력하는 사람이라면 계속 고민하고 또 고민하여 성장할 수 있기를, 그리하여 결국 그 흰 가운의 무게를 버틸 수 있기를 간절히 바란다.

"무엇이 선행인가? 누구를 도울 것인가?"

간단하지만 어려운 이 질문에 대한 답을 당신도, 나도, 언젠가 찾아낼 수 있기를.

의대생의 고민 노트 #2

오늘, 병원을 나서며…

[생각 하나]

모든 의료 행위는 근본적으로 환자를 향한 사랑에서 시작됨을 되새깁니다. 하지만 문화적 차이가 있는 상황이라면 어떠할까요? 건강을 위해 문화를 억압하는 건 어쩌면 폭력일 수도 있지 않을까요? 아니, 의사로서 그들의 건강을 위해서라면 문화를 억압해도 괜찮은 걸까요?

[생각 둘]

세상의 문화는 다양하며, 그중에는 분명 건강에 악영향을 끼치는 확실한 것들이 있습니다. 에티오피아의 축복 문화나, 중국의 전족 문화, 아프리카의 여성 할례 문화처럼 말이지요. 하지만 해당 집단의 건강 증진을 위해 의료적으로 개입하는 것만이 정답은 아니에요.
의료 개입이 적절하기 위해서는 다음의 세 가지 요소가 모두 갖춰져야 한다는 결론에 도달했습니다.

첫째, 의료 개입에 '의학적' 의도 외에 다른 의도가 첨가되어서는 안 된다.

둘째, 특정 문화에 대하여 '의료 개입을 하겠다는 결정'이 옳아야 한다.

셋째, 의료 개입의 '과정'이 옳아야 한다.

[생각 셋]
생명의 경중은 누구도, 감히, 함부로 따질 수 없습니다. 그러나 "결과적으로 모두가 건강을 되찾았답니다" 하는 결과적 공평만이 '공정'이라고 착각한다면, 의료 현장은 불공정으로 가득 찬 공간이 되어버릴 것입니다.

의사는 선택의 권한을 지님과 동시에 선택을 해야만 하는 의무도 지니고 있습니다. 선택에 따른 결과도 짊어져야만 합니다. 흰 가운을 입기 위해 노력하는 사람이라면 계속 고민하고 또 고민하여 결국 그 흰 가운의 무게를 버틸 수 있기를 바라봅니다.

--------- ● 생각 더하기 ● ---------

건강은 누구의 책임인가요?
선택의 순간, 의사는 누구를 도와야 할까요?
'가벼운 목숨'이라는 것이 있을까요?

"공감共感이란, '상대방의 정신적 상태를 고려하고, 나를 그 속에 넣어서
나의 것과 비교함으로써 이해하려고 노력하는 것'을 의미한다."
_지그문트 프로이트(의사·심리학자)

✕ 6 ✕

의사와
환자 사이

공감하는 의사가 좋아요

의료 행위가 이루어지는 과정은 '의사와 환자의 만남 - 면담 및 신체 진찰 - 진단 - 치료' 정도로 이루어진다. 지금까지 논의한 '무엇이 선행인가?', '누구를 도울 것인가?'는 전부 첫 단계, 의사와 환자의 만남에 대한 이야기였다. 그리하여 지금까지의 논의를 통해 드디어 환자를 만났다고 생각해보자. 이제 이어지는 단계는 면담과 신체 진찰이다.

면담과 신체 진찰을 하는 과정은 의사마다 전부 다르다. 물론 구체적으로 '아' 소리를 내보라고 하는지, '하나' 소리를 내보라고 하는지도 다를 수 있겠지만, 여기서 이야기하고 싶은 건 구체적인 면담 및 진찰 스킬이 아니라 이에 임하는 태도다.

가기만 하면 기분이 확 나빠지는 병원도 있고, 반대로 참 편안하고 따뜻한 느낌을 받는 병원도 있다. 이 차이가 어디서 오는 것 같은지, 주위 지인에게 물어보면 전부 하나같이 똑같은 단어를 얘기한다. 바로 '공감'이다. 다들 따뜻하게 공감을 잘 해주는 의사가 좋다고들 한다.

공감이라는 단어를 생각해보자. 간혹 소설의 영어 원서와 번역본을 비교하다 보면 'empathy'와 'sympathy'를 모두 '공감'이라 번역해놓은 경우를 볼 수 있다. 그렇지만 실제로 'sympathy'는 공감이 아닌 '동정'이다. 어디까지나 나를 타인에 위치해놓은 채, 외부의 관점에서 그의 생각과 감정을 대하는 것. 정말 그 사람이 되어보기 위한 노력을 하지 않은 채, 타인으로 남아 그 사람의 감정이 어떨지 대충 생각해보는 것. 이는 그저 '동정', 혹은 다른 말로 '감정 읽기'일 뿐, 결코 '공감'이 될 수 없다.

공감의 참뜻은 타인이 실제로 되어보는 것, 즉 그의 오감을 함께 느끼고 과거 삶의 경험을 함께 경험하여, 결과적으로 그가 현재 느끼고 있을 감정을 함께 느껴보는 것이다. 그러니까 보고 듣고 냄새를 맡고 맛보고 만져보는 다섯 가지의 감각을 함께 느끼고, 과거 삶의 경험까지 고려하며 그의 현 감정을 함께 느끼는 것이 공감이다.

그러나 통상적으로 사용하는 '공감'은 사실 공감이 아닌 '동정' 혹은 '감정 읽기'에 불과한 경우가 많다. 이를테면 병문안을 가서 친구를 위로하는 상황에서, MBTI 성격유형 중 공감을 잘 하는 F유형은 "힘들지? 얼른 나았으면 좋겠다"라고 한다는 식이다. 그러나 "힘들지?"는 어디까지나 타인의 입장에서 상대방의 '감정을 읽은' 결과이고, "얼른 나았으면 좋겠다"는 그저 '나의 바람'일 뿐, 이 문장 어디에도 '공감'은 없다.

그렇지만 실제로 타인의 오감을 함께 느끼며 그 사람이 되어보는 행위인 참뜻의 '공감'은, 영혼을 서로 바꾸지 않는 한 현실 세계에서 불가능하다. 따라서 타인에 대한 면밀한 관찰과 과거 삶의 경험에 대한 적극적 경청을 통해 현재 그의 오감과 감정을 함께 느껴보려 애쓰는 것이 실제로 할 수 있는 최대한의 공감이다.

공감의 필요성에 대해서 동의하지 않는 독자도 충분히 있을 것이다. 혹은 공감의 필요성은 알겠지만 자신은 앞으로도 이해하기 쉬운 존재에 대해서만 공감할 것이고, 사회적 소수자, 정신 질환 환자와 같이 이해하기 쉽지 않은 존재에 대해서는 감각과 감정을 함께 느끼려고 시도하지는 않겠다고 할 수도 있다. 어느 쪽이든 자유다.

그러나 이제 의학도로서 생각해보자. 환자에게 공감할지, 아니면 공감하지 않을지의 여부는 의료 현장에서도 자유일까? 앞서 잠시 말했듯, 진료만 받았다 하면 기분이 확 나빠지는 의사가 있고 반대로 마음이 편안해지는 의사도 있다. 그리고 그 차이의 원인에 대해 사람들은 입 모아 '공감'이라고 말한다.

병원 가는 것 자체가 스트레스이고 진료 과정이 편하지 않다면 그 과정에서 환자는 비협조적일 가능성이 크다. 치료에 순응하지 않는 환자가 과연 치료 효과가 좋을 수 있을까? 더 나아가, 의사는 단지 환자의 신체적 건강만 책임지는 사람이 아니다. 보이지 않는 환자의 정신적 건강도 마찬가지로 '건강'이기에 이에 대한 〈해악 금지의 원칙〉과 〈선행의 원칙〉을 지켜야 할 의무가 있다. 따라서 위의 논리를 종합해 생각하면 이제 이런 결론이 나온다.

> 환자의 치료 순응도를 높여야만 하는 사람이자, 신체적 및 정신적 건강 전반에 대한 <해악 금지의 원칙>과 <선행의 원칙>의 의무를 지는 사람으로서 의사는 환자에게 공감해야만 한다.

그러나 곧 이 결론은 내 머릿속에서 의문문으로 바뀐다.

> "사람들은 정말 '공감'하는 의사를 원할까? 의사는 환자에게 공감해야 할까?"

우는 의사, 즐거운 의사

의사는 환자에게 좋은 소식을 전할 경우도 있지만, 안 좋은 소식을 전해야만 할 때도 있다. 이를테면 암 진단을 내리거나 앞으로 나쁜 예후가 있을 것을 예고해야만 하는 경우, 회복 불가능한 비가역적 손상이 있음을 알려야 하는 경우가 그렇다. 학교에서 이렇게 안 좋은 소식을 전할 때 의사가 따르면 좋을 프로토콜(규약)을 배운 적이 있는데, 바로 'SPIKES 프로토콜'이다. 'SPIKES'는 단어의 앞 글자만 딴 것인데, 각각 'Setting, Perception, Invitation, Knowledge, Empathy, Strategy & Summary'이다. 무슨 내용인지 살펴보자.

첫 번째는 Setting(환경 조성)이다. 차분하게 조용히 대화를 나눌 수 있는 환경을 조성하라는 것이다. 두 번째는 Perception(병식)이다. 환자 스스로가 의심되는 질환이나 검사를 진행한 이유 등에 대해 얼마나 잘 알고 있는지, 병에 대한 지식을 점검하라는 것이다. 이를테면 "어제 CT 촬영을 하셨는데, 왜 하신 것인지 알고 계시는지요?", "현재 의심되는 병명에 대해 이전 병원에서 설명을 들으신 바가 있으신지요?"와 같이 말이다.

환자의 병식을 점검했다면 이제 세 번째는 Invitation(초대)이다. 환자가 검사 결과나 진단명을 알고 싶어 하지 않을 수도 있으므로, 환자가 의사를 '초대'하고 있는지 점검하라는 것이다. 이를테면 "어제 촬영하신 CT 결과가 나왔는데, 말씀드려도 괜찮을까요?"와 같이 말이다.

그다음, 네 번째는 Knowledge(정보 전달)이다. 검사 결과나 진단명 등을 명확하고 이해하기 쉽게 전달하라는 것이다. 이때 주의할 사항은, 환자를 배려한답시고 "위 근처에 뭔가 이상한 기분 나쁜 덩어리 같은 게 보이는 것 같기도 합니다"처럼 빙빙 돌려 이야기해서는 안 되고, 명확하고 이해하기 쉽게 "위암입니다"처럼 말해야 한다.

정보를 전달했다면 이제 다음, 다섯 번째 단계는 Empathy(공감)이다. 말 그대로 환자에게 공감하라는 것이다. 이후 마지막 단계는 Strategy & Summary(계획 설명과 요약)이다. 이 단계에서는 앞으로의 치료 계획을 설명한 뒤, 전체 내용을 다시 한번 요약해서 환자에게 전달한다. 이를테면 "앞으로 우선 종양 크기를 줄이기 위해서 방사선치료와 항암 치료를 병행한 후, 크기가 충분히 줄었다면 수술을 하고, 이후 항암 치료를 덧붙여 몇 개월간 하실 예정입니다"처럼 말이다.

SPIKES 프로토콜에 대해 처음 배웠을 땐 그저 좋은 지침이라고만 생각했다. 그러나 교수님이 하루에 50명이 넘는 환자를 보는 현장을 옆에서 참관한 후로 생각이 많아졌다. SPIKES 중 'E'는 Empathy, 즉 공감이다. 그리고 '공감'이라는 건, 타인의 감각과 감정을 내가 직접 느끼는 것, 그러니까 함께 아파하고 함께 고통스러워하며 함께 기뻐하고 함께 슬퍼하는 것을 의미한다. 자, 그럼 이제 좀 이상하지 않은가?

우선 첫째, '그렇게 하는 것이 가능한가?'에 대해 이야기하고 싶다. 교수님은 50명이 넘는 환자를 3시간이 채 되지 않는 시간 내에 모두 보았다. 이는 한 시간에 16명도 넘는 환자를 본 셈이고, 이는 환자 한 사람당 4분 내로 진료를 본 셈이다. 그마저도 환자를 호명하고 환자가 들어오고 나가는 시간까지 같이 생각한다면 실제 진료는 3분 정도 되지 않을까 싶다. 단 180초의 시간이라… 과연 그 시간 안에 '공감'이라는 행위를 할 수 있는 사람이 있을까? 앞서 계속 말했듯 공감이라는 건, 그 사람에 대한 깊은 관심을 기반으로 오감을 함께 느끼고, 그이의 삶의 경험을 경청하여 그 사람에게 형성되어 있을 가치관을 토대로 현재 느끼고 있을 감정을 함께하는 행위다. 이런 행위를 단 180초 만에 해낼 사람이 과연 있을까?

그러나 이 질문에 대해서는 반박해볼 수 있다. 모든 의사가 세 시간에 50명의 환자를 보는 것은 아니며 대학병원의 교수님도 진료하는 외래 환자 수가 제각각이니, 이를 일반화하여 시간을 계산하는 것은 적절치 않다고 말이다. 또, 사실 180초 안에 공감해내지 못하는 것은 그저 나의 능력 부족일 수도 있겠다. 아직 나는 교수님이 살아온 세월의 절반 정도밖에 살지 않았기에, 능력을 너욱 갈고닦으면 언젠가 '순식간에' 공감을 할 수 있는 순간이 올지도 모른다.

그러나 여전히 두 번째 문제가 남아 있다. 소제목이기도 한, '우는 의사, 즐거운 의사'다. 감정이란 건 본디 여운이 짙다. 특히 충격적이거나 심각한 사건에 대한 감정은 더욱 그렇다. 그런데 환자에게 '당신의 뇌종양은 호흡을 담당하는 부분에 있고, 어떠한 항암제나 방사선치료가 듣지 않는 종류의 종양이라 치료할 수 없으며, 따라서 수개월 혹은 수년에 걸쳐 점차 숨을 못 쉬게 되다가 사망할 것이 예견된다'는 나쁜 소식을 전했다고 상상해보자. 이 환자에게 그리 깊게 공감하지 않았다 할지라도 이 소식을 전할 때 마음이 무겁지 않을 사람은 없을 것이라 장담한다. 그런데 만약 당신이 무려 이 환자에게 공감까지 해버렸다면? 찢어지는 마음으로 환자와 함께 펑펑 울지 않을 수 있는 이는 없지 않을까.

문제는 지금부터다. 하루에 몇 명의 환자를 본다고? 무려 50명이다. 그럼 이 환자가 진료실을 나간 후에 만날 다음 환자는? 그 환자도 똑같은 환자고, 그 환자도 충분히 자신에게 공감해줄 의사가 필요하다. 그런데 의사가 이전 환자에게 나쁜 소식을 전한 직후라 울먹이며 슬퍼하고 있다면? 그 환자는 그저 직전 순서의 환자 건강이 나빴기 때문에 '슬퍼하는 의사'를 마주해야만 한다.

이전 환자가 진료실에서 나가고 다음 환자가 들어오는, 채 1분이 되지 않는 찰나의 시간 만에 의사가 찢어진 마음을 가라앉히고, 슬픈 감정을 훌훌 털어버리며, 펑펑 울어서 붉어진 눈 주변을 순식간에 하얗게 되돌리고, 지워진 화장을 순식간에 제자리로 돌려놓아 누가 봐도 중립적인 자세를 취할 수 있지 않은 이상 말이다. 물론 이는 불가능하다. 그리고 앞서 말했듯 이것은 의사의 능력 문제가 아닌 '감정'이라는 게 본디 여운이 짙다는, 그 자체의 특성 때문이다.

물론 환자 관점에서, 의사가 자신에게 공감한다는 건 그 자체만 놓고 보았을 땐 큰 위로가 될 수 있다. 그렇지만 의사가 환자에게 공감한다는 건 다시 말해 자신의 앞 순서 환자에게도 마찬가지로 공감한 것을 의미하며 그 말은 즉 앞 순서 환자에게 공감한 결과, 의사가 갖게 된 감정이 자신에게도 비춰질 것이라는 뜻이다. 그리고 그 감정이 환자 자신의 상황과 충돌한다면, 환자 입장에서는 불쾌할 수밖에 없을 것이다.

이를테면 앞 순서 환자는 수술이 깔끔하게 잘 끝나서 심장 기능이 정상치로 돌아왔다는 아주 기쁜 소식을 전하느라 의사도 덩달아 방방 뛸 듯이 즐거운 감정을 느끼고 있다. 그런데 그다음 순서인 자신은 암 진단을 선고받고 항암 치료를 했는데도 점점 상태가 악화되고 있어서, 생을 마감하기 위한 준비를 하기 위해 진료 상담을 받으러 온 상황처럼 말이다.

한 걸음 더 나아가, '앞 순서 환자'를 논의에서 배제하고서, 의사와 환자만 있다고 생각해봐도 여전히 세 번째 문제가 남아 있다. 환자 입장에서 의사가 자신에게 공감한다는 건 큰 위로가 될 수 있지만, 어쩌면 전혀 위로되지 않고 오히려 신뢰가 떨어지는 계기가 될 수도 있다. 특히 중한 질환일수록 환자에게 의사는 마지막 희망이다. 그런데 마지막 희망이라는 사람이 내 앞에서 나에게 나쁜 소식을 전하며 같이 펑펑 울고 있다면, 과연 이 사람을 믿고 환자가 자신의 생명을 맡길 수 있을까?

이 공간이 진료실을 넘어 수술실이라고 생각하면 더 극명하게 문제의식이 느껴진다. 대학병원에서 마음 찢어지는 환자와 보호자의 상황은 정말 흔하게 볼 수 있다. 생후 17일 된, 무려 40주의 임신 기간을 채우지 못하고 23주만에 일찍 나온 정말 작은 아기의, 더 작은 심장에 대한 수술을 맡기러 온 보호자 입장을 상상해보라. 혹은 몇 개월, 몇 년간 힘든 항암 치료를 다 받고 완치됐다는 판정을 받고서 집에 돌아가는 길에 교통사고를 당해 다시 수술실로 실려 온 환자 입장을 상상해보라. 얼마나 가슴 찢어지는가.

이런 상황에서 의사가 환자 혹은 보호자에게 공감을 잘하는 것은 오히려 독이 될 수도 있지 않을까. 어떤 보호자가 상황을 공감하며 펑펑 우는 의사에게 생후 17일 된 자신의 아기를 맡길 수 있겠는가. 어떤 환자가 자신에게 공감하며 함께 고통스러워하고 눈물 흘리는 의사에게 자신의 목숨을 맡기고 수술대에 편히 누울 수 있겠는가.

공감과 감정 읽기

환자를 향한 공감에서 오는 세 가지 문제 즉, '①가능성, ②앞 환자에 대한 감정이 지속됨, ③의사에 대한 신뢰가 저하됨'에 대해 내가 내린 해결책, 혹은 답변은 이러하다.

"어쩌면 애초에 사람들은 공감을 잘하는 의사를 원하는 게 아
닐지도 몰라."

사람들은 공감을 잘하는 의사를 원한다고 입 모아 말했지
만 사실 이 문장에서 '공감'이 '나와 같은 감각과 감정을 함께
느낀다는 것', 즉 참뜻의 '공감'이 아닐지도 모른다는 생각이
들었다. 통상적으로 '공감'이라는 단어를 말할 때 어디까지나
'타인'으로 남아 외부의 관점에서 그 사람의 감정이 어떨지 생
각해보는 것을 의미했던 것처럼, 사람들이 원하는 공감도 마
찬가지 아닐까? 즉 정확하게는 공감을 원하는 게 아니라, '감
정 읽기'를 원하는 게 아니었을까?
　실제로 의과대학마다 SPIKES 프로토콜을 가르치는 구체적
인 방식은 조금씩 다르겠지만, 한 의과대학에서는 공감(E)하
는 구체적인 방법으로 이렇게 두 단계를 제시한다고 한다.

(1) 감정 읽기: 환자의 감정을 읽어라.
(2) 정당화하기: 환자의 감정이 정당하다는 것을 알려라.

이를테면 다음과 같다. "환자분, 많이 놀라고 속상하시죠? 그러시는 게 당연합니다." 이렇게 환자의 감정을 읽고, 그 감정이 정당하다는 것을 알리면 그게 '공감'이라는 것이다. 이 이야기를 듣고서 나는 깜짝 놀랐다. 제시된 두 단계 중 어느 것도 공감, 즉 환자와 같은 감각과 감정을 느끼는 과정이 없지 않은가. 그저 외부의 관점에서 환자의 감정을 읽고 그 감정이 정당하다는 것을 알리는 것이 공감이라니.

사실 이렇게 가르치신 교수님이 '공감'이란 단어 뜻을 몰라서 이렇게 가르친 건 절대 아닐 테다. 당연히 공감은 외부의 관점에서 행하는 것이 아니라, 환자의 곁에서 그의 마음속으로 들어가 보는 행위라는 것을 누구보다 잘 알고 있었으리라. 그런데도 공감을 이렇게 가르친 데에는 아마 다른 이유가 있었을 것이다. 그렇다면 이렇게 결론을 내보면 어떨까.

물론 참뜻의 '공감'이 강력한 힘을 가지고 있고, 의사가 모든 환자에게 공감하며 함께 울고 웃으며 동고동락하는 것이 이상적이기는 하다. 그러나 의사 한 명은 수십, 수백 명의 환자를 봐야 하기에 앞서 보았던 여러 문제가 발생한다. 따라서 이상적인 공감보다는, 환자에게서 한발 떨어진 채 통상 대중적으로 통용되는 공감(사실은 '공감Empathy'이 아닌 '동정Sympathy', 혹은 '감정 읽기'에 가까운 행위)을 통해 현실과 타협해야 한다. 이렇게 함으로써 의사는 현실적으로 모든 환자를 돌볼 수 있으며, 환자도 마찬가지로 이런 대중적 공감을 통해 위로를 얻을 수 있다고 말이다.

이렇게 결론을 내리기는 했으나, 여전히 나는 공감이라는 행위가 갖는 힘을 잘 알고 있다. 감정의 밑바닥에 내려앉아 더 이상의 희망이 안 보일 때, 내 감정을 함께 느끼고 곁에서 가만히 같이 울어주는 이가 한 명만 있어도 우리는 삶을 포기하지 않을 수 있다. 그리고 의사는 감정의 밑바닥에 가라앉은 환자를 수없이 많이 본다. 종종 나쁜 소식을 전함으로써 직접 환자를 감정의 밑바닥으로 가라앉히기도 한다.

그렇기에 의학도로서 나는 여전히 선택의 기로에 서 있다. 어디까지 공감해야 하는 걸까? 정말 사람들은 공감을 잘하는 의사를 원하는 걸까? 그저 '감정 읽기 후 정당화하기' 정도만 외부의 관점에서 행하는 것만으로 환자는 충분한 심적 지지를 받을 수 있는 걸까?

앞으로 의사가 되기 전까지 계속 고민하고 또 고민해봐야 할 문제다. 어차피 정답은 없다. 환자와 함께 우는 의사도, 환자에게서 한발 물러서 타인의 입장에서 바라보는 의사도, 모두 이 사회의 의사로서 역할을 잘 해내고 있으니 말이다. 남은 건 나의 선택일 뿐이다. 이제 여러분도 답을 내려보라. 당신이라면 어떻게 할 것인가?

멀고도 가까운 의사와 환자 사이

관계를 정의하는 단어는 생각보다 많다. 연인, 친구, '썸' 외에도 부부, 부모, 자식, 형제, 삼촌, 조카처럼 가족관계를 정의하는 단어들도 있고, 대표, 사장, 팀장, 대리처럼 회사 내 관계를 정의하는 단어들도 있다.

　그 많은 관계들은 각각의 특성을 가지고 있다. 특성들을 토대로 관계를 분류하는 기준을 마련하자면 친밀한 정도 내지는 상하 관계 정도를 생각할 수 있다. 이를테면 친구, 연인, '썸', 부부 관계는 상하가 없고 친밀한 관계이지만, 사장과 대리 관계는 상하가 분명하고 친밀함은 낮은 관계인 것처럼 말이다.

　이런 기준에 따라 가만히 생각해보면, 보통 친밀함이 높을수록 상하 없이 동등한 관계인 경우가 꽤 많은 것처럼 보인다. 생각하면 또 당연할지도 모른다. 상하가 뚜렷한데 친밀함이 높아지기는 어렵지 않겠는가.

그런데 이제 의료 현장으로 돌아와 생각해보면 조금 어려워진다. 환자는 자신의 가장 개인적인 정보를 의사에게 보여준다. 신체적으로도, 정신적으로도 그렇다. 채 5분, 길어야 10분이 되지 않는 진료 및 면담 시간 동안 의사는 환자에게 현재 병력, 과거력, 가족력, 사회력을 묻고 계통적 문진도 하게 된다.

이를테면 배가 아파서 내원한 환자가 있다고 생각해보자. 먼저 의사는 현재의 병력을 청취하기 위해 배 어디가, 언제부터, 얼마나, 어떠한 양상으로 아픈지, 그 세기는 점점 증가하는지 감소하는지, 어떤 자세를 취할 때 호전되거나 악화되는지, 대변은 정상적으로 나오는지 등의 사항들을 묻는다. 다음으로 과거에 비슷하게 아팠던 경험이 있었는지, 그때는 언제, 어디서, 어떤 진단을 받아 어떻게 치료했고 치료 결과는 어땠는지, 과거력도 묻는다. 그다음은 가족력이다. 가족 중 비슷한 증상을 보였던 분은 있었는지, 만약 있다면 그 시기는 언제였고, 어떤 진단을 받아 어떻게 치료했고 치료 결과는 어땠는지를 묻는다.

다음은 사회력이다. 흡연이나 음주는 하는지, 한다면 얼마나 자주, 한 번에 얼마나 많이 하는지, 언제부터 했는지, 주로 혼자 하는지 누군가와 함께하는지를 묻고, 이외에 필요에 따라 거주 지역, 생활 습관, 직업, 작업 환경, 친구 관계 등의 다양한 사항을 묻는다. 마지막은 계통적 문진이다. 머리끝부터 발끝까지, 혹시 환자가 미처 말하지 못한 사항이 있는지 체크하는 것이다. 머리는 안 아픈지, 머리카락은 안 빠지는지, 눈은 안 아픈지, 코는 괜찮은지, 호흡기는 괜찮은지, 소화기는 괜찮은지, 신경계는 어떤지, 대변, 소변 문제는 없는지, 여성이라면 월경 주기는 어떤지, 팔다리는 아프진 않은지, 체중이 갑자기 빠지진 않았는지, 만져지는 덩어리나 혹 같은 건 없었는지, 어디가 붓진 않았는지, 말 그대로 머리끝부터 발끝까지 전부 물어본다.

그런데 이 모든 지극히 개인적이고 세세한 사항을, 환자는 의사에게 단 5분이 되지 않는 시간 동안 전부 털어놓는다. 더 나아가 의사는 환자의 개인 정보에 대한 비밀 유지 의무가 있기에, 환자의 이 모든 정보는 오직 그 환자와 의사 둘 사이의 비밀이다.

이제부터가 문제의 시작이다. 만난 지 채 5분도 안 된 관계인 의사와 환자 사이인데, 의사는 환자에 대한 아주 방대하고 개인적이며 세세한 사항들을 모조리 알게 된다. 그럼 환자와 의사 사이는 엄청나게 친밀한 관계인가? 그렇다고 하기에는 반대로 환자는 의사에 대한 어떠한 정보도 알지 못하는 경우가 대부분이지 않은가? 기껏해야 의사의 이름과 출신 대학, 전공과 정도가 전부다. 그리고 만난 지 5분밖에 되지 않았는데 친해져봤자 얼마나 친해지겠는가?

앞서 관계의 특성에 대한 기준으로 '친밀함'과 '상하 관계'가 있다고 했다. 그런데 방금 본 것처럼 의사-환자 관계에서 '친밀함'은 정의하기 상당히 어렵다. 그렇다면 '상하 관계'는 어떤가? 의사가 위인가? 환자가 위인가? 위도, 아래도 없이 동등한 관계인가?

사실 이것도 정의하기 무척 어렵다. 경제적 관점에서는 환자가 돈을 지불하므로 위라 생각된다. 그러나 사실 우리나라는 건강보험 제도로 돌아가기에, 환자가 지불한 그 돈이 곧장 의사에게 오지 않는다. 따라서 단순히 환자가 위라고만 말하기도 어렵다. 그렇다고 해서 경제적 상하 관계가 완전히 없다고 말하기도 역시나 어렵다. 굳이 말하자면 건강보험료의 주인인 '국가'를 매개로 한 고용주와 피고용인 간의 관계라고나 할까.

경제적 관점은 그렇다 치고, 건강의 관점에서 바라보자. 환자는 몸에 대한 자기 결정권을 가지고 있는 장본인이다. 따라서 의사를 찾아온 환자는 자신의 권리를 의사에게 잠시, 일부 양도한 셈이 되는데 그렇다면 그 권리를 양도할지 말지에 대한 결정권자는 환자이므로 환자가 위인 것처럼 생각된다. 그러나 환자는 동시에 자신의 건강을 되찾고 싶은 욕구를 가진 사람이며 의사가 바로 건강을 되찾게 해줄 수 있는 힘을 가진 사람이다.

이런 관점에서 바라본다면, 전문 의료 지식을 가지고 있는 의사가 위인가, 하는 생각도 든다. 마치 강해지고 싶어서 소림사를 찾아온 청년과 소림사의 무술 사부처럼 말이다. 그러나 무술과 건강은 분명 결이 다르다. 무술 사부는 청년에게 무술을 가르쳐야 하는 의무를 갖고 있지는 않고, 청년 또한 무술을 배울 권리를 주장하지 못하기에 모든 것은 그저 무술 사부 독자적인 선택에 따르게 된다. 하지만 인간이라면 누구나 건강권을 가지고 있기에 환자는 자신을 건강하게 해달라고 의사에게 주장할 권리가 있고, 의사는 그 권리를 적극적으로 보장해줄 의무를 지고 있다. 그렇다면 환자가 위인가?

이러한 결론을 내리기에는 쉽지 않은 지점이 또 있다. 만약 환자가 위라면 환자는 의사에게 치료 방법을 요구할 수 있어야 한다. 마치 승객이 택시기사에게 경로를 제시하는 것처럼 말이다. 이를테면 의사가 A라는 치료 방법을 제시했지만 환자는 B라는 치료를 요구하는 상황을 생각해볼 수 있다. 그렇지만 환자는 전문 의료 지식을 갖고 있지 않기에 알고 있는 지식의 출처가 불분명한 경우가 많고, 따라서 환자의 요구에 따라

B치료를 시행했을 때, A치료에 비해 좋은 결과가 있을 것이라는 보장은 없다. 아니, 오히려 부작용으로 인해 건강을 더 잃게 될 수도 있다.

이런 결과는 승객과 택시기사 간의 관계에서는 크게 문제가 될 게 없다. 좋지 않은 결과라고 해봤자 목적지에 도착하는 시각이 몇 분 늦어지는 세 전부일 테니 말이다. 승객은 자신이 제시한 경로를 따른 결과, 도착 시각이 늦어졌다는 사실을 그저 감수하면 된다.

그러나 의사-환자 관계에서는 큰 문제다. 결과가 '환자의 건강 악화' 혹은 '최선의 건강 상태로의 회복 실패'로 이어진다. 이 또한 그저 환자가 자신의 선택을 겸허히 받아들이면 되는 것 아니냐고? 그렇게 보기는 어렵다. 왜냐하면 만약 환자의 요구에 따라 B치료를 시행한 결과, A치료에 비해 좋은 결과가 나오지 않았다면 의사는 〈선행의 원칙〉을 저버린 셈이고, 오히려 부작용으로 환자가 건강을 더 잃었다면 의사는 〈해악 금지의 원칙〉을 저버리는 셈이 되기 때문이다.

따라서 해당 원칙을 지키기 위해서 의사는 전문 의료 지식에 근거해 자신이 내린 판단만을 제시하고, 환자는 신체에 대한 자기 결정권을 지닌 사람으로서 그 치료를 따를지 말지만 결정할 수 있는 것이 합당해 보인다. 그럼 이런 결론에서는 대체 누가 위인가? 그 누구도 위가 아니고 동등한 관계인가?

이처럼 의사와 환자 관계는 정의하기 무척 어렵다. 환자 입장에서 생각해보자. 5분 전까지는 남남이었지만 진료가 끝날 때쯤에는 그 누구도 알지 못하는 '나'의 지극히 개인적인 정보를 모조리 알고 있는, 엄청난 비밀을 공유하는 사이지만 그와 동시에 나는 의사의 이름과 출신 학교, 전공과 빼고는 알고 있는 게 아무것도 없다. 멀지만 또 누구보다 가까운 사이다.

또한 나는 분명 건강보험료도 내고 병원에도 진료비를 냈는데, 의사에게 치료 방법을 요구할 수 없고 그저 5분 전까지는 남이었던 이 사람을 믿고 나의 건강과 생명을 맡겨야 한다. 내가 가진 선택지는 그저 의사가 제시한 치료를 수락할 것인지, 그렇지 않을 것인지밖에 없다. 이를테면 아무리 내가 수술을 받고 싶다고 하더라도, 의사가 제시한 치료 방법 중 그 수술이 없다면 애초에 수술을 받는다는 선택지조차 없는 것이다. 물론 이해는 된다. 이 분야의 전문가는 의사이며, 내 말을 듣고 수술했다가 결과가 나쁘다면 의사는 〈해악 금지의 원칙〉이나 〈선행의 원칙〉을 위배하는 셈이 되어버리니 말이다. 그렇지만 나에게 주어진 선택지가 의사가 제시한 치료 방법을 선택하느냐 거부하느냐밖에 없다는 건 뭔가 이상하다. 내 몸의 주인은 나인데, 돈도 내가 냈는데 말이다.

의사-환자 사이의 세 분류

생각할수록 어렵고 복잡한 의사-환자 관계를 학자들은 세 가지 종류로 분류했다.

첫째는 〈능동-수동형〉이다. 최근에는 찾아보기 어렵다고 하지만, 그래도 여전히 꽤 흔한 형태이기도 하다. 내용은 이렇다. 의사가 전문 의료 지식에 근거해 최선의 치료 방법을 모색하고, 환자는 수동적으로 이를 따라만 가는 방식이다. 마치 부모-아기의 관계와 비슷하다. 의사가 앞장서서 치료를 능동적으로 이끌고, 환자는 그를 믿고 수동적으로 따르는 방식. 가장 오래된 유형이다.

둘째는 〈지도-협력형〉이다. 아마 가장 흔한 형태이지 않을까 싶다. 내용은 이렇다. 마찬가지로 의사는 전문 의료 지식에 근거해 최선의 치료 방법을 모색하지만, 앞과는 달리 의사는 이를 환자에게 지시하고, 환자는 그 권고를 따르는 방식이다. 이는 마치 부모-청소년의 관계와 비슷하다. 의사가 앞장서는 건 맞지만 완전한 능동성을 갖고 있지는 않고, 환자가 뒤따르는 것도 맞지만 완전한 수동성만 있는 것은 아니다. 그러니 말 그대로, 지도-협력 관계를 맺는 것이다.

마지막 셋째는 〈공동 참여형〉이다. 최근 점점 이런 관계로 의사-환자 관계가 변하고 있다고 한다. 이번에는 의사가 치료를 이끌지 않는다. 그럼 환자가 이끄는가? 그것도 아니다. 명칭에서 드러나듯, 의사와 환자가 동반자의 입장에서 마치 부부 관계처럼 함께 치료를 이끌어간다. 누구 한 명이 이끌지 않고, 치료라는 공동의 목표를 향해 두 사람이 동등한 입장에 서서 나아가는 것이다.

과거에 〈능동-수동형〉이 주류였던 까닭은 온정적 간섭주의paternalism에 있다. 마치 아버지가 자식을 대하듯, 의사는 사랑을 기반으로 환자에게 최선의 이익이 될 치료를 찾고, 환자는 그를 믿고 따르는 것이 옳다는 정신이다. 이 정신이 과거 주를 이뤘던 것은 의사-환자 간 정보 불균형이 극심했기 때문이다. 컴퓨터나 SNS와 같은 정보 공유가 가능한 전자 사회망이 부족했던 과거에는, 의사가 아니고서는 의료 지식에 접근하는 것이 불가능에 가까웠다. 따라서 환자는 의사를 믿고 따르는 것 외에 선택지가 없었을 것이다.

그러나 현대사회는 정보의 홍수라고 불릴 만큼 방대한 정보가 공개되어 있어, 의료 지식에 누구나 쉽게 접근할 수 있게 됐다. 사실 정보 공유가 쉬워짐에 따라, 검증되지 않은 '카더라' 정보들이나 기전이 밝혀지지 않고 입증되지도 않은 순전히 개인, 혹은 몇몇 소수의 경험담에서 나온 치료 방법들도 쏟아지기에 이로 인한 부작용이 무척 심각할 정도다. 아무튼 이처럼 검증됐든 검증되지 않았든, 의료 지식이라 불릴 만한 정보에 대한 접근성이 과거에 비해 무척 높아졌기에 환자는 더 이상 자신의 건강에 대해 손 놓고 의사만을 바라보고 있지 않게 됐다. 적극적으로 정보를 검색하는 건 물론, 환자들끼리 모임도 마련해 검색한 정보나 경험담을 공유하고, 무려 논문까지 찾아 읽는 경우도 간혹 있다. 그리하여 과거 〈능동-수동형〉에서 점차 〈지도-협력형〉, 〈공동 참여형〉까지, 의사-환자 관계의 스펙트럼이 점점 넓어지고 있다.

의사-환자 관계는 누구 한 명이 결정하는 것이 아니다. 손뼉도 마주쳐야 소리가 나듯, 의사와 환자 양쪽의 입장이 모여 의사-환자 관계를 형성한다. 그리하여 의사도, 환자도 어떤 관계를 형성해갈지 선택해야 한다.

애정과 폭력은 한 끗 차이다. 아버지가 자식을 사랑으로 지도하듯, 의사가 사랑에 기반한 온정적 간섭주의로 환자와 〈능동-수동형〉 관계를 맺으려 드는 건, 어쩌면 환자에게 폭력이 되어버릴 수 있다. 치료 방법을 제시하고 일방적으로 이를 따르라고만 하는 건 환자에게 과한 믿음을 강요하는 것일 수 있다. 또 어쩌면 이런 관계가 자칫 의사와 환자 간 정보 불균형을 해소하려는 노력 없이, 의료를 의사의 것만으로 유지하려 하는 이기주의로 보일 수도 있다.

그러나 〈능동-수동형〉 관계가 절대 나쁘기만 한 것은 아니다. 몸이 아프면 마음도 힘든 법, 환자는 의사에게 그저 마음 편히 기대고만 있고 싶을 수도 있다. 마치 초등학생 시절, 속상한 일이 있을 때 부모님께 그저 안겨 위로받고, 부모님이 문제를 해결해주었으면 하는 마음으로 의지하는 것처럼 말이다. 그런데 엄마가 두 팔 벌려 안아주기보다 한 손만 내밀고 악수를 청하며 '우리 같이 동업자로서 이 문제를 해결해보자'라고 하면 어느 아이가 '음, 나를 동등하게 여겨주는군' 하며 좋아하겠는가? 동등하게 여겨줬다고 좋아하기보다는, '엄만 날 사랑하지도 않아!' 하며 속상해하지 않겠는가?

자신을 동등하게 대하며 모든 의료 지식을 충분히 설명하고, 각종 치료 방법들과 각각의 기전, 예상되는 부작용과 예후 등을 모조리 설명하는 의사를 원하는 환자도 분명히 있다. 하지만 가뜩이나 몸도 아프고 마음도 너무 힘든데, 의사가 주저리주저리 복잡하게 설명하는 게 더욱 힘든 환자도 있다. 친구, 동업자처럼 동등하게 자신을 여기기보다는, 마치 부모가 아이의 문제를 해결하듯 자신이 심리적 안정을 취하고 있으면 의사가 그냥 알아서 치료해주기를 원하는 환자처럼 말이다.

수직적 사랑으로 형성되는 〈능동-수동형〉 관계, 수평적인 우정과 같은 관계인 〈공동 참여형〉 관계, 그리고 그 둘 사이의 〈지도-협력형〉 관계, 이 셋 중 무엇도 정답도, 오답도 아니다. 주체적으로 치료 방법을 함께 모색하고자 하는 환자에게 〈능동-수동형〉 관계는 어쩌면 폭력으로 느껴지겠지만, 심적 안정을 취하고 의지하고자 하는 환자에게는 오히려 〈공동 참여형〉 관계가 서운하게 느껴질 수 있다.

의사에게도 마찬가지다. 초등학생 아이가 집안 재정 상태를 걱정하며 돈을 벌기 위해 아르바이트를 하겠다고 하면 속상해하지 않을 부모가 없듯, 환자가 그저 편하게 안정을 취하고, 의료적인 부분은 자신에게 맡기기를 원하는 의사라면 〈공동 참여형〉 관계가 서운하게 여겨질 것이다. 그러나 반대로,

적극적인 환자의 참여를 기대하고 함께 치료 방법을 모색하고자 하는 의사라면 모든 것을 자신에게 맡기고서 환자 본인은 안정을 취하는 〈능동-수동형〉 관계가 오히려 더 불편하게 여겨질 수 있다.

더 나아가, 만약 두 가지 치료 방법 중 환자가 선택해야만 하는 상황임에도 환자가 여전히 〈능동-수동형〉 관계만을 고집하며 어떠한 선택도 내리지 않고 의사에게 선택을 넘겨버리면, 이는 어쩌면 의사에게 과한 짐을 지우는 셈일 수도 있다. 이를테면 손가락 하나를 전부 잃는 대신 비용이 저렴한 치료와, 손가락 끝마디 하나만 잃는 대신 치료비가 집 한 채 값인 치료 중 하나를 선택해야 하는데, 이 선택을 환자가 의사에게 넘겨버린 상황을 상상해보라. 어떻게 의사가 둘 중 하나의 치료 방법을 함부로 선택할 수 있겠는가?

2년 뒤, 흰 가운을 걸치고서 나는 과연 어떤 자세로 환자를 대해야 하는 걸까? 수직적 사랑과 수평적 우정 사이, '사랑보다 먼, 우정보다는 가까운' 이 관계에 대한 답을 나는 언젠가 내릴 수 있을까? 당신의 답은 무엇인가? 환자로서, 혹은 의사로서, "어떻게 할 것인가?"

"저는 펠로우, 레지던트, 의대생들에게 우리가 하는 일은 '특별하다'고 늘 강조합니다. 환자들은 우리에게 누구에게도 드러내지 않은 내밀한 삶을 보여주며, 그 속에서 가장 복잡하고 민감한 문제들을 가지고 우리를 찾아오기 때문입니다."

_시카 제인(혈액·종양학 전문의)

Part 3

✕ 7 ✕

수직적 사랑과
수평적 우정

언어 교육만으로 충분할까?

아이가 부적절한 행동을 할 때, 보호자로서 부모는 이를 멈추게 할 책임이 있다. 만약 그 행동이 당장 위험을 불러오는 게 아니라면 언어 교육만으로 충분할 수 있겠지만, 슈퍼맨이 되고 싶다며 망토를 메고 건물 옥상에서 뛰어내리는 것과 같은 위험한 행동이라면 피눈물을 흘리면서라도 사랑의 매를 들어야 할지도 모른다.

언어 교육은 아이의 미성숙한 전두엽이 성숙해지길 기다리며 인지적 개선을 유도하는 교육이기에 시간적 여유를 두고 장기적인 관점에서 봐야 한다. 하지만, 당장 행동의 개선이 이루어지지 않아 위험한 상황이 펼쳐질 때, 언어 교육만 하며 기다리는 것은 부모의 방관이자 무책임한 결정일 수 있다. 따라서 그런 상황이라면 비록 가슴이 찢어질지언정, 부모는 사랑의 매를 들어 아이가 망토를 메고 건물 옥상에서 뛰어내리는 것과 같은 위험한 행동을 다시는 하지 않도록 해야만 한다.

그럼 의료 현장에서는 어떨까. 의사와 환자 간 관계로, 수직적 사랑에 기반한 〈능동-수동형〉 관계와 수평적 동료 형태인 〈공동 참여형〉 관계 그리고 그 두 관계의 중간에 〈지도-협력형〉 관계가 있다고 했다. 이 중, 어린아이와 부모 간 관계와 비슷한 〈능동-수동형〉 관계에도 혹시 '사랑의 매'가 있을까? 놀랍게도, 의료 현장에서도 사랑의 매는 존재한다.

> **사례**
>
> 환자가 '환자'가 되는 이유는 다양하지만, 그중에는 생활 습관도 큰 부분을 차지한다. 이를테면 달거나 기름진 음식을 과다하게 섭취한다거나, 밥 먹듯이 술을 마시고 담배를 피운다거나, 나쁜 자세로 오래 앉아 있거나, 나쁜 공기를 오래 호흡하는 것처럼 말이다. 깊게 들어가자면 너무 복잡할 테니 간단히만 보자면, 당류 과다 섭취는 당뇨병을, 기름진 음식의 과다 섭취는 고지혈증을, 과한 음주는 알코올성 간경변증을, 과한 흡연은 상상할 수 있는 모든 암과 만성질환, 그중에서도 특히 폐암과 설암을, 나쁜 자세는 대표적으로 척추 디스크 손상을, 나쁜 공기를 호흡하는 건 간질성 폐질환, 진폐증을 일으킨다.

당신이 의사라면 위 사례와 같은 환자에게 어떤 처치를 해야 할까? 가장 먼저 해야 하는 건 교육이다. 말 그대로 몰라서 이런 생활 습관을 유지했을 가능성도 무시할 수 없기 때문이다. 따라서 일일 권장 탄수화물 섭취량이나 지방 섭취량을 제시하고, 과한 음주 습관이나 흡연을 지적하고, 올바른 자세로 앉는 법을 알려주며 쾌적한 공기를 호흡하도록 방향을 제시하는 것이 첫 단계다.

정말 '몰라서' 지금껏 나쁜 생활 습관을 지속했던 환자라면 교육을 통해 곧장 교정될 것이다. 이 경우는 해피엔딩이다. 그러나 문제는 교정이 쉽게 되지 않는 환자들이다. 이런 환자들은 두 가지 부류로 나눠볼 수 있겠다. 하나는 나쁘다는 걸 알지만 어쩔 수 없이 그 생활 습관을 유지해야만 하는 경우이고, 나머지 하나는 나쁘다는 걸 알지만 그 생활 습관을 참을 수 없는 경우다.

전자의 경우, 이를테면 탄광에서 일하는 것이 직업인 환자를 예시로 생각해볼 수 있다. 탄광에서 작업을 지속하다 보면 어쩔 수 없이 석탄 가루가 폐에 침착되는데, 이로 인해 진폐증이라는 질환을 갖게 된다. 그러나 이런 환자에게 아무리 석탄 가루의 유해성을 교육해봤자 이 환자는 생계유지를 위해 어쩔 수 없이 탄광업을 계속할 것이다. 따라서 이런 경우에 의사가 할 수 있는 최선은, 환자의 증상을 최대한 완화하고 진폐증이 있는 폐지만 그 기능이 악화되는 것을 늦춰 최대한 오래 기능을 보존할 수 있도록 돕는 일이다. 따라서 이 상황에서는 증상 완화와 기능 보존에 집중하면 되니 의사의 입장에서 그리 고민되는 부분은 없다.

후자의 경우가 이제 문제다. 이를테면 알코올 중독 환자가 대표적인 예다. 알코올 중독으로 인해 알코올성 간경변증이 진행되면 간이식을 받지 않고서는 사망까지 할 수도 있다. 무려 생명을 앗아갈 수도 있지만, 알코올 중독 환자는 쉽게 음주로부터 자유로워지지 못한다. 흡연 환자도 생각해볼 수 있다. 이들도 담배에 이미 중독되었기에, 흡연으로 인해 무려 폐암이나 설암까지 걸린 상태에서도 담배를 쉽게 끊지 못한다.

이런 환자에게 의사는 어떻게 해야 할까? 의사는 환자의 최선의 건강을 위해 노력해야 할 의무가 있다. 마치 부모가 자식을 보호해야 할 의무를 지는 것처럼 말이다. 그렇다면, 마치 부모가 아이에게 사랑의 매를 들듯이 이 환자에게도 그런 매를 들어야 할까?

물론 이 생각에 반박은 가능하다. 아이는 아직 전두엽이 완전히 발달하지 않은 상태다. 따라서 이성적 사고와 판단을 통해 충동을 억제하는 것이 어려워, 보호자인 부모가 사랑의 매를 드는 게 정당화될 수는 있다. 하지만, 알코올 중독 환자는 전두엽이 완전히 발달한 성인이므로 이제는 사랑의 매가 아니라 논리적이고 이성적인 설득만 해야 정당한 것 아닐까? 이성적 설득을 했는데도 환자가 알코올 중독을 벗어나지 못한다면, 그건 환자 개인의 의지박약 문제이므로 의사가 이것까지 책임질 필요는 없지 않을까?

그러나 이 생각은 중독이 그저 의지박약의 산물이라는, 중독에 대한 잘못된 이해에서 나온 것이다. 중독은 그저 개인의 의지박약 문제가 아니다. 중독은 도덕성 결여의 결과물이 아닌, 항상성(외부 환경과 생물 체내의 변화에 대응해 체내 환경을 일정하게 유지하려는 현상)이 회복되지 않아 꺼지지 않는 도파민dopamine (중추신경계에 존재하는 신경전달물질의 일종)으로 인한 생리적 기전의 결과물이기 때문이다. 따라서 이는 만성질환일 뿐이므로 의사는 이를 치료할 의무를 갖고 있다.

그렇다면 과연 이런 환자에게 의사는 어떻게 해야 할까? 이성적 설명만을 하며 나아지기를 기다리기에는 이미 성인이 된 환자가 더 발달할 전두엽도 없을뿐더러, 이성적 설명만으로는 도파민 체계가 알아서 꺼질 리 만무하다. 더 나아가, 알코올 중독으로 인한 간경변증은 사망까지 환자를 내몰 수 있는데도 나긋나긋한 무형의 언어 교육만 하는 건, 환자의 건강을 책임져야 하는 의사로서 그 의무를 저버리는 셈이 될 것이다.

그럼 의사는 이제 사랑의 매를 들어야 할까? 하지만 사랑의 매를 선뜻 들기 망설여진다. 의사는 〈해악 금지의 원칙〉을 지켜야 하지 않았던가. 그런데 사랑의 매는 어떠한 방식이든 통증이라는 해악을 가해야만 작동하는데, 그럼 의사는 〈해악 금지의 원칙〉을 저버리는 셈이 되기 때문이다.

사랑의 매를 들어 환자를 중독에서 벗어나게 하자니 〈해악 금지의 원칙〉에 위배되고, 그렇게 하지 않고 나긋나긋한 무형의 언어로 이성적·논리적 교육만 하자니, 해당 중독으로 인해 환자의 건강이 악화될 게 뻔하며, 이미 중독된 환자의 날뛰는 도파민 체계가 쉽게 잠재워질 리도 만무하다. 역시나 딜레마 상황이다. 대체 어떻게 하는 것이 옳을까?

의료 현장에 있는 사랑의 매

실제로 알코올 중독 환자에게 드는 사랑의 매가 존재한다. 바로 '디설피람disulfiram'이라는 약이다. 구체적인 기전은 생략하겠지만 이 약을 복용하는 중 만약 음주의 충동을 못 이겨 또 알코올을 섭취하면, 신체 내에 알코올의 중간 산물이 축적되어 환자가 심한 복통 등 불쾌한 신체 반응을 겪는다. 몇 번 반복되고 나면, 이제 환자는 술과 통증으로 인한 공포가 엮이게 되어, '술을 마시면 아프구나' 하는 생각을 갖게 된다.

약의 효과는 좋지만 이 약은 환자에게 통증이라는 해악을 끼친다. 약을 먹지 않았다면 알코올 복용으로 인해 배가 미친 듯이 아프진 않았을 텐데, 의사가 준 약을 먹었기 때문에 극심한 복통을 겪어야 하니, 의사가 환자에게 해악을 끼친 것은 분명하다. 실제로 이 약물은 〈해악 금지의 원칙〉을 명백히 위반한다는 윤리적 비판을 많이 받았다.

그래서 애초에 알코올에 대한 충동 자체를 줄이는 것이 가능한 약물이 몇 개 등장했다. 대표적으로 날트렉손naltrexone은 알코올에 대한 갈망 자체를 줄이고, 알코올 섭취 시 환자가 느끼는 쾌감을 감소시켜 환자가 애초에 술을 찾지 않도록 한다.

또, 아캄프로세이트acamprosate는 알코올 의존과 밀접한 관련이 있는 뇌의 수용체NMDA receptor에 작용해, 마찬가지로 알코올에 대한 갈망을 줄일뿐더러 알코올을 중단한 후 환자가 겪는 금단 증상도 완화한다. 이런 약물이 만들어진 후, 현재는 알코올 중독의 치료로 '사랑의 매'인 디설피람은 거의 사용되지 않고 날트렉손, 아캄프로세이트가 가장 널리 사용된다.

디설피람과 비슷한 사랑의 매가 또 있는데, 바로 위세척gastric lavage이다. 간혹 자살을 시도하는 등의 이유로 독성 물질을 과하게 섭취하여 응급실로 실려 오는 환자가 있는데, 독성 물질 섭취 2시간 이내, 즉 위에 도달한 물질이 소장으로 이동하기 전에 위를 씻어내는 것이 위세척이다. 의사의 판단에 따라 의학적 유용성이 있다면 2시간이 지난 시점에도 시행할 수 있다.

이 행위가 실제로 의학적인 효과가 있는지에 대해서는 갑론을박이 있지만 중요한 건, 종종 자살을 목적으로 수면제를 과다 복용하는 경우처럼 의도적으로 과하게 약물을 섭취한 환자에게 위세척이 사랑의 매로 사용되었다는 점이다. 실제로 위세척 과정은 상당히 고통스럽다. 쉽게 말해 위세척이란, 긴 호스를 입을 통해 위까지 집어넣어 물을 쏘아 위를 씻은 후 그 물을 다시 호스를 통해 밖으로 배출하는 행위를 몇 번 반복하는 것인데, 상상만 해도 얼마나 고통스러울지 감이 올 것이다.

그러나 디설피람은 알코올 중독 환자에게 효과라도 좋았지만, 앞서 말했듯 위세척은 독성 물질의 흡수를 줄이는 효과가 실제로 입증되지 않았다. 그래서 이런 체벌 목적의 위세척은 많은 비난을 받았고, 현재는 '체벌 목적의 위세척은 절대 금한다'라고 교과서에까지 적혀 있다. 오해 방지를 위해 첨언 하자면 체벌 목적으로 하는 위세척을 금하는 것이지, 치료를 목적으로 하는 위세척은 의사의 판단하에 얼마든지 이루어질 수 있다.

이처럼 의료 현장에서 사용되는 사랑의 매는 윤리적 비판으로 인해 하나씩 사라지고 있다. 그렇다면 이제 고민할 거리가 없어진 것일까? 의사가 환자에게 사랑의 매를 드는 건 그냥 나쁜 것이라고 결론이 난 것일까? 하지만 이는 결코 쉬운 문제가 아니다.

알코올 중독 환자의 치료에 대해서는 언어로 하는 교육이나 사랑의 매가 아닌 제3의 방안, 즉 충동 자체를 줄이는 것이 가능한 약물이 개발되었기에 다행이지만, 건강하지 않은 생활 습관으로 인해 환자가 건강을 잃는 경우는 알코올 중독 외에도 아주 많다. 앞서 언급했던 당뇨와 고지혈증은 이후 고혈압, 관상동맥질환 등을 일으켜 부정맥, 심장마비로 사망하게 만들 수 있고, 흡연은 말해 무엇하겠으며, 나쁜 자세는 척추 디스크 손상, 더 나아가 디스크 주위 신경절의 염증으로 인해 극심한 신경통으로 발전할 수 있다.

언어 교육이 효과적이지 않을 것이 자명한 위의 모든 상황에 제3의 방안이 존재하는 것은 아니다. 나쁜 자세를 취하고자 하는 충동을 억제하는 약물이나 삼겹살을 먹고 싶은 충동을 억제하는 약물 같은 건 없다는 말이다. 그렇다면 훗날 의사가 되어 이런 환자를 마주했을 때 나는 어떻게 해야 할까?

여전히 정답은 없어 보인다. 어느 쪽을 선택하든 그에 따른 결과를 짊어질 수 있어야 할 것이다. 이를테면 나긋나긋한 언어 교육만 반복하다가 환자가 기름진 음식을 끊지 못해 고지혈증, 더 나아가 허혈성심질환(심장에 혈액을 공급하는 관상동맥이 좁아져 심장 근육의 일부에 혈액 공급이 부족하여 생기는 심장 질환)에 걸리는 원인을 제공할 수 있겠고, 반대로 사랑의 매를 든다면 환자가 겪지 않아도 될 고통과 통증을 겪게끔 만들 수도 있다.

두 선택의 차이는, 세 가지 의사-환자 관계 중 '어느 관계를 선택하느냐'에서 기인한다. 부모-자식 관계와 유사한 〈능동-수동형〉 관계를 선택한다면 마땅히 사랑의 매를 들고 환자의 건강을 의사가 완전히 책임지는 쪽을 지향하겠지만, 반대로 부부 관계와 유사한 〈공동 참여형〉 관계를 선택한다면 환자의 이성적 사고와 판단 능력을 믿고 언어 교육만을 시행하며 환자가 주체적으로 변화하기를 기대하는 쪽을 지향할 것이다.

이제 당신이 답할 차례다. 아이를 사랑하는 부모의 마음으로 사랑의 매를 들 것인가? 아니면 동등한 입장에서 환자를 존중해 언제까지고 언어 교육만을 고수할 것인가? 당신이라면 어떻게 할 것인가?

의학 정보를 환자에게 모두 제공해야 할까?

현대의 의료 현장에서 사랑의 매는 〈해악 금지의 원칙〉을 지키지 않았다는 이유로 매서운 윤리적 비판을 받는다. 즉 의사가 환자를 대할 때, 부모가 아이를 바라보는 '수직적 사랑'으로서의 접근은 그리 환영받지 못한다는 말이다.

과거 〈능동-수동형〉이 대부분이었던 의사-환자 관계는 사회의 윤리관이 변화하며 현재 〈지도-협력형〉, 더 나아가 〈공동 참여형〉으로 많이 변했다. 즉 현대사회에서는 수직적 사랑보다는 마치 부부 관계처럼 수평적 우정에 근거한 관계가 더 환영받는다는 말이다. 모든 정보를 공유하고 함께 치료 방법을 모색하는 〈공동 참여형〉 관계가 아무래도 수직적인 〈능동-수동형〉 관계보다는 더 좋아 보일지 모르겠다. 그러나 과연 수평적 우정에 근거한 〈공동 참여형〉 관계에서는 고민해봐야 할 지점이 없을까?

사례

당신은 종양학과 의사다. 당신이 맡은 환자 중, 암에 걸려 수년간 항암 치료를 받아온 중년 남성이 있다. 이 남성의 가족으로 아내와 아들이 있고, 오래된 투병으로 인해 경제적 사정이 취약한 상황이다. 무리해 병원비를 마련하느라 아내도 건강을 잃었고, 이에 대학에 다니던 아들도 아버지 병원비를 마련하기 위해 휴학 후 아르바이트를 하고 있다. 안타깝게도 환자(아버지)의 병은 더 악화됐고, 치유가 불가능하여 증상 완화만을 위한 고식적 치료를 해왔으며, 결국 임종을 준비해야 하는 단계에 이르렀다.

그런데 최근, 이 환자의 암에 대해 외국에서 15%의 확률로 2.7개월의 수명을 연장하는 신약이 개발됐다. 보험 적용이 되지 않

기에 이 약을 구매하는 데에 드는 비용 5000만 원은 전부 개인

이 부담해야 한다. 15%의 확률로 2.7개월의 수명이 연장된다

는 말은, 이 약을 100명이 먹었을 때 85명은 수명 연장 효과가

아예 없고, 15명에게 평균적으로 2.7개월의 수명 연장 효과가

있다는 것을 뜻한다.

나는 주치의로서 환자와 보호자에게 이 신약에 대한 정보를 [제공할/

제공하지 않을] 것이다.

〈공동 참여형〉 관계라는 건, 앞서 말했듯 모든 정보를 공유하고 함께 최선의 치료 방법을 모색하는 관계를 의미한다. 이 관계에서 전문가로서 많은 의학적 정보를 갖는 의사가 상대적으로 정보를 덜 가지고 있는 환자나 보호자에게 충분한 의학적 정보를 '언제나' 제공해야 할까? 그렇게 하는 것이 정답처럼 보이는데, 과연 그럴까?

만약 위의 상황에서 의사로서 내가 환자와 보호자에게 신약에 대한 정보를 제공했다고 가정해보자. 아마도 선택은 환자와 보호자의 몫이고, 의사는 충분한 정보를 제공하는 역할을 해야 하므로 의사가 선택까지 해서는 안 된다고 생각했을

것이다. 자, 그럼 이 정보를 들은 환자와 보호자의 입장에서 생각해보자. 15%의 확률로 2.7개월의 수명 연장을 기대할 수 있고 가격이 5000만 원인 신약이라⋯ 물론 문화마다, 가족마다 정서는 조금씩 다르겠지만 '효'가 중시되는 우리 사회라면 아버지를 위해 신약을 사용하겠다고 선택할 가능성이 높다.

그래서 보호자가 5000만 원의 빚을 지고 환자에게 이 약을 사용했다고 가정하자. 그럼 만약 그 결과 환자가 15%에 속하지 않고 안타깝게도 85%에 속했다면 어떨까? '그래도 최선을 다한 거니까 그걸로 됐어'라고 위로하기에는 5000만 원의 빚이 엄마와 아들 앞에 놓여버렸다. 그래도 의사로서 당신은 충분한 정보를 제공했으니 최선을 다했고, 선택에 따른 책임은 온전히 보호자가 지면 될까?

반대로, 만약 환자가 15%에 다행히 속해서 수명이 연장되었다면 이제는 어떨까? 또 한 번 빚을 져서라도 다시 이 약을 사용하고 싶지 않을까? 그러나 언제까지 15%의 확률 안에 운 좋게 들어올 수는 없는 법. 언젠가 환자는 병환으로 인해 생을 마감할 것이고, 그럼 이제 수억 원의 빚이 엄마와 아들 앞에 놓일 것이다. '그래도 환자가 몇 개월 더 생존했으니 그걸로 됐어'라고 위로할 수 있을까. 여전히 의사로서 당신은 그저 충분한 정보를 제공했으니 그걸로 된 거고, 선택에 따른 책임은 보호자의 몫인가?

예를 들어 신약을 세 번 사용해서 1억 5000만 원의 빚이 엄마와 아들 앞에 놓였다면, 환자가 생을 마감한 후 그들의 삶은 어떻게 될까? 당신은 의사와 환자 사이에 있는 정보 불균형의 해소를 위해 최선을 다했으니 할 일을 끝냈고, 이제 이후의 엄마와 아들의 삶은 당신이 알 바가 아닌가? 이런 자세는 어쩌면, 환자와 보호자에게 모든 판단과 그 결과를 떠넘기는 셈이 아닐까?

지금까지 나는 정보 불균형의 해소는 언제나 정답이기에, 더불어 사는 사회에서 정보를 더 많이 가진 쪽은 이 불균형을 해소하기 위해 노력해야 한다고 배웠다. 특히 현대사회에서 의사-환자의 관계는 〈공동 참여형〉을 환영하는 추세이므로, 훗날 의사가 된 후에 환자를 동등한 입장에서 존중하여 충분한 의학적 정보를 제공해야 한다고도 배워왔다.

그렇지만 지식이 언제나 좋은 건 아닐지도 모른다. '아는 게 언제나 힘'은 아닐지도 모른다는 말이다. 물론 환자의 생명은 무척이나 중요하다. 몇 개월 수명이 연장된다는 것은 무엇과도 바꿀 수 없는 가치를 지닐 수도 있다. 그렇지만 앞으로의 남아 있는 가족의 삶도 역시나 중요하지 않은가. 사람마다 1억 5000만 원의 무게는 다르겠지만 엄마와 아들이 남은 평생을 빚을 갚기 위해 살아야 한다면, 과연 그 무게가 몇 개월 수명이 연장되는 것보다 가볍다고 말할 수 있을까?

하지만 이 상황에서의 정답이 '신약에 대한 정보를 제공하지 않는다'라고 말하고 싶은 건 절대 아니다. 정보를 제공하지 않는다는 선택에 대한 비판도 얼마든지 할 수 있다. 의사가 환자 상황을 고려하여 신약에 대한 정보를 제공하지 않는다면, 이는 의사가 과한 가치판단을 한 것이라 해석할 수 있다. 사람마다 삶에서 중요시하는 가치와 그 우선순위는 전부 다른데, 의사가 나서서 '수억 원의 빚'이 '몇 개월의 수명 연장'보다 우선이라는 가치판단을 함부로 한 채 정보를 제공하지 않는다면, 이는 환자와 보호자의 선택권을 빼앗아버리는 월권행위일 수도 있다.

생각해보라. 이를테면 어머니와 아들은 수천만 원이 아니라 수십억, 수백억의 빚을 지고서라도 아버지가 단 하루라도 더 살았으면 싶은 욕구를 가졌을 수도 있다. 그런데 만약 의사가 자의적으로 우선순위를 매긴 후 신약에 대한 정보를 제공하지 않아 아버지가 수명을 연장할 기회 없이 사망했고 이후 어머니와 아들이 신약의 존재를 알았다면, '아버지를 몇 개월 더 살릴 수도 있었을 텐데 왜 우리에게 신약에 대한 정보를 제공하지 않았는가?' 하는 원망과 비난에서 의사는 자유로울 수 없을 것이다.

"의사는 함부로 가치판단을 하지 말고 충분한 의학 정보를 제공해, 의사-환자 간 정보 불균형 해소를 위해 무조건 노력하는 것이 옳은가? 이건 모든 선택과 책임을 환자와 보호자에게 떠넘기는 꼴이니, 정보 불균형을 해소하지 않고 의사가 판단하는 것이 옳은가?"

위 질문처럼 의사와 환자 관계는 생각하면 할수록 어렵다. 수직적 사랑에 기반해 사랑의 매를 들고 환자 대신 가치판단까지 하는 것도, 수평적 우정에 기반해 언어 교육과 의학 정보만 제공해 모든 선택과 그 책임을 환자에게 떠넘기는 것도, 그 어느 쪽도 완벽한 정답은 아닌 것 같다. 그렇지만 사람과 사람 간 관계에 정답이 어디 있겠는가? '수직적 사랑과 수평적 우정 사이', '사랑보다 먼, 우정보다는 가까운' 이 관계에 대한 답은 그저 각자가 내릴 뿐이다.

"당신의 답은 무엇인가? 환자로서, 혹은 의사로서, 어떻게 할 것인가?"

"고정관념이란, 특정한 사회 집단에 대해 생각할 때
머릿속에 떠오르는 전형적인 그림이다."
_월터 리프먼(저널리스트)

× **8** ×

편견, 배려,
차별에 대하여

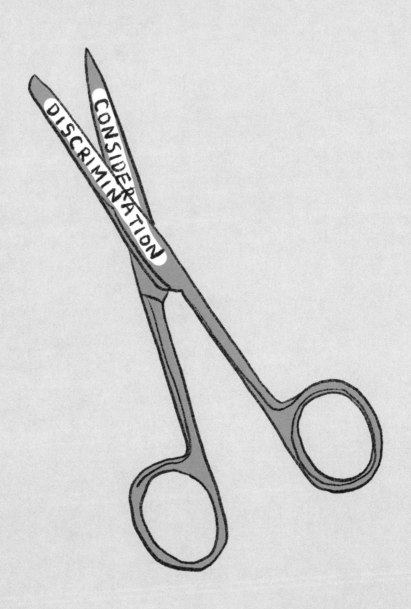

편견이란 대체 뭘까?

본격적인 논의로 들어가기에 앞서, 아래 문장 여덟 개 중 어떤 것이 편견이고 어떤 것이 편견이 아닌지 스스로 답하는 시간을 먼저 가져보자.

(1-1) 여성은 힘이 약할 것이라 생각해 무거운 짐을 내가 대신 들어주었다.

(1-2) 노인은 힘이 약할 것이라 생각해 무거운 짐을 내가 대신 들어주었다.

(2) 엘리베이터를 향해 뛰어오는 사람을 보고, 엘리베이터에 타려고 그러는 것 같아 열림 버튼을 계속 눌러주었다.

(3-1) 전신 마비로 어떠한 의사 표현도 하지 못하는 환자가 맑은 하늘을 보고 싶을 것이라 생각해 커튼을 걷어 창밖이 보이도록 해주었다.

(3-2) 다섯 살 사촌동생이 뽀로로를 좋아할 것이라 생각해 깜짝 선물로 뽀로로 인형을 샀다.

(3-3) 다섯 살 남동생이 파란색을 좋아할 것이라 생각해 깜짝 선물로 파란 티셔츠를 샀다.

(4) 참게장을 즐겨 먹는 남성이 심한 기침을 하며 피가 섞인 가래 뱉어냈다고 내원했다. 의사는 이를 폐흡충 감염일 것이라 생각해 폐흡충에 대한 면역혈청학적 검사와 객담검사, 대변검사를 시행했다.

(5) 6개월 전 대상포진과 매독에 걸린 과거력이 있는 30대 초반의 젊은 남성이 숨이 차고 기침이 나오며 체중이 감소하여 내원했다. 면담 결과 현재 친구와 둘이서 거주하고 있으며 과거 매독에 걸려 치료를 받았던 적이 있다고 해서, 의사는 에이즈(AIDS)가 의심되어 에이즈 검사를 시행했다.

초등학생 때부터, 편견은 나쁜 것이라 배워왔다. 차별을 불러오고 그로 인해 불평등이 발생하므로 편견은 없어져야 한다는 논리였다. 초등학교에서 내가 편견이라 배운 대표적 예시는 '여성은 힘이 약하다'였다. 그리고 이 문장이 편견인 이유는 힘이 약하지 않은 여성도 있기 때문이었다.

사실 나는 초등학생 시절, 편견이 나쁘다고 배운 순간부터 머릿속에서 해소되지 않는 의문이 있었다.

어떤 생각을 '편견'이라 규정하는 근거는 '반례가 있다'였다. 그런데 조금만 생각해도 이상했다. 무거운 짐을 들고 있는 노인을 발견했을 때, 노인은 힘이 약할 것이라 생각해 짐을 들어주는 행동은 훈훈한 미덕이라는 것 아닌가. 분명 힘이 약하지 않은 노인도 있을 것이고, 따라서 이 경우도 '반례'가 있는 셈인데, 왜 이 행위는 '편견'이 아니고 노인을 돕는 선행이 되는 걸까?

이뿐일까. 버스나 지하철에서 할머니, 할아버지가 보이면 자리를 양보하는 것이 선행이라고 배웠다. 노인이 서서 가면 다리가 아플 것이기 때문이다. 그런데 분명 그렇지 않은 분도 계시지 않을까? 아니, 오히려 매일 꾸준하게 운동을 해온 노인이라면 웬만한 학생보다 훨씬 몸이 튼튼할 수도 있는데, 그런 반례들은 무시해도 괜찮은 걸까?

'반례가 있다'는 것이 어떤 생각을 편견이라 결정하는 근거라 배우는데, 현실은 너무나 이상했다. 왜 '여성은 힘이 약할 것이다'나 '남성은 힘이 셀 것이다'라는 생각은 반례가 있으니 편견이고, '노인은 힘이 약할 것이다', '노인은 다리가 아플 것이다'라는 생각은 반례가 있음에도 오히려 '선행'이고 '배려'가 되는 것일까?

배운 내용과 현실의 괴리가 계속되자 나는 "어떤 생각을 편견이라 규정짓는 근거로 '반례가 있음' 외에 뭔가 다른 근거가 있는 건 아닐까?" 하는 의문이 생겼다. 그리하여 편견을 규정하는 다른 근거를 찾아 나섰고, 편견에 관해 '말'을 중심으로 말하는 사람(화자)와 듣는 사람(청자)의 관계를 예시로 아래와 같이 정리해보았다.

첫 번째 후보는 '듣는 사람의 기분'이다. 여성은 힘이 약할 것이라 생각해 짐을 대신 들어주겠다고 말했을 때, 듣는 사람이 기분이 나쁠 수 있으므로 그 생각은 편견이라는 것이다. 그렇지만 이 후보는 금세 배제됐다. 노인에게 자리를 양보했다가 오히려 내게 화를 내시는 분들도 계시는 게 아닌가. "내가 혼자 서서 가지도 못할 만큼 그렇게 늙어 보여?" 하며, 당신이 노인이라는 이유만으로 힘이 약하고 배려해야 할 약자라고 생각하는 걸 불쾌하게 받아들이는 사람도 분명히 있다.

이처럼 듣는 사람의 기분에 따라 편견의 여부가 결정된다면, 똑같은 말을 들어도 느끼는 기분은 사람마다 다르므로 어떤 말도 그 자체만으로 편견이라 말할 수도 없고, 편견이 아니라 말할 수도 없다. 그저 그 말을 듣는 사람이 기분이 나빴으면 편견이 되는 거고, 기분이 안 나빴으면 편견이 아닌 것이 되는데, 이렇게나 기준이 모호할 리가 없다.

두 번째 후보는 '말하는 사람의 의도'다. 여성은 힘이 약할 것이라는 생각의 밑에 깔린 의도가 나보다 힘이 약한 여성을 비하하고자 하는 것이라면 그 생각은 편견이라는 것이다. 그렇지만 이 후보도 금세 배제됐다. 이 기준 또한 몹시 주관적이며, 청자는 독심술사가 아니기에 말하는 사람의 의도에 비하하는 의도가 숨어 있는지 아닌지를 판단할 수 없지 않은가. 이를테면 청자가 듣기에 비하의 의도가 있었다고 판단하지만 화자가 선량한 의도로 말했다면 그건 편견이 아닌 것이 된다. 반대로 청자는 비하의 의도가 있는지 몰랐지만 화자가 비하의 의도를 담았다면 그것은 편견이 된다. 이 얼마나 주관적이란 말인가?

세 번째 후보는 '통계적 정확성'이다. 통계적으로 정확하지 않으면 편견이고, 통계적으로 정확하면 편견이 아닐 수 있다는 것이다. 그러나 이 또한 곧장 배제됐다. 물론 엄밀한 통계치를 발견하진 못했으나, 초등학교부터 고등학교까지 나의 학창 시절 12년 중 그 어떤 순간에도 반 여학생의 평균 힘이 남학생의 평균 힘보다 셌던 적은 없었다.

가장 겨루기 쉬운 팔 힘에 국한해 생각했을 때, 남학생 중 가장 힘이 약한 친구와 여학생 중 가장 힘이 센 친구가 팔씨름을 해도 언제나 남학생이 이겼다. 그렇다면 적어도 내가 다닌 학교에서만큼은 여성이 남성보다 평균적으로 힘이 약하다는 것이 통계적으로 유의미하지 않을까. 그럼에도 선생님은 '여성은 힘이 약하다'라는 생각이 편견이라고 하니, 통계적으로 정확해도 즉, 통계적 유의미해도 여전히 그 생각은 편견이 될 수 있다.

세 번째 후보에서 파생된 네 번째 후보는 '발언의 엄밀성'이다. 평균적으로 여성이 남성보다 힘이 약한 것이 참일지라도, '여성은 힘이 약하다'라는 문장은 거짓이라는 것이다. 고등학교 1학년 수학에서 배우는 '명제'를 떠올리면 쉬운데, 어떤 명제가 거짓이려면 단 하나의 반례라도 있으면 된다. 평균적으로 여성이 남성보다 힘이 약할지라도, 개별적으로 보았을 때 남성보다 힘이 센 여성이 있으므로 '여성은 (남성보다) 힘이 약하다'는 거짓인 명제다. 따라서 이 발언을 엄밀하게 수정한

면, 이를테면 다음과 같을 것이다.

"여성이 남성보다 평균적으로 힘이 약할 것이라는 점은 표본 집단을 우리 학교로 설정하고 모집단을 전 국민으로 설정했을 때 95%의 신뢰도를 가진 채 통계적으로 유의미하다. 따라서 길을 걷다 마주친 여성은 남성인 나보다 힘이 약할 확률이 95%이므로, 5%의 오류를 범할 가능성을 품고 통계적 추정을 하여 내가 그 여성의 짐을 들어주었다."

이렇게 발언한다면 '명제'의 관점에서 보았을 땐 전혀 틀리지 않았으므로 발언의 엄밀성을 충족했다. 자, 그럼 이제 이 생각은 '편견'이 아닌가? 여기서 섣불리 '그렇다'라고 하기엔, 사실 어쨌든 제3자의 눈에서 보았을 땐 길을 걷다가 마주한 여성이 나보다 힘이 약할 것이라 추정하여 그 여성의 짐을 들어주었다는 사실은 똑같은 것 아닌가? 제3자의 눈으로 보이는 광경에 굳이 차이를 두려 한다면, 내가 여성의 짐을 들어주며 위의 엄밀한 발언을 소리 내어 읊으면 될 텐데, 이 얼마나 우스운가?

상상해보라. 당신이 엘리베이터에 탔고, 밖에서 누군가 뛰어오고 있을 때, 그를 위해 열림 버튼을 누르면서 "엘리베이터를 향해 뛰어오는 사람을 대상으로 통계를 내본 결과 그들이 뛰어온 의도가 '엘리베이터에 탑승하기 위해서'인 경우가 95%의 신뢰도를 가진 채 통계적으로 유의미하게 많았으므로, 5%의 오류를 범할 가능성을 품고 통계적 추정을 하여 내가 당신을 위해 열림 버튼을 누르고 있습니다" 하고 읊는다니, 상당히 우습시 않은가? 당신의 말이 채 끝나기도 전에 그 사람이 이미 엘리베이터에 들어와 있지 않을까?

'발언의 엄밀성'은 지키면 좋겠지만, 엄밀한 발언을 하지 않았다고 하여 편견이 되어버리기에는 일상에서 그 누구도 이렇게 '통계적 유의미'에 기반한 발언을 하지 않는다. 엄격하고 세밀하게 발언했다고 해서 내가 하는 생각과 행동이 바뀌는 게 아닌데, 엄밀성을 갖췄을 땐 편견이 아니고 그렇지 않을 땐 편견이 되어버린다면 그 또한 이상했다.

다섯 번째 후보는 '상대방의 의사를 물어보았는가'이다. 그러니까 여성의 짐을 들어주기 전에 "제가 도와드릴까요?" 하고 의사를 물어보지 않은 채, 여성이 혼자 무거운 짐을 드는 건 힘든 일이라고 판단한 게 문제라는 것이다. 이 후보를 처음 떠올렸을 땐 무릎을 탁, 치며 이것이 바로 정답이라 생각했다.

그렇지만 전신 마비로 의사를 표현하지 못하는 환자에게 의사를 물어보지 않은 채, 환자가 맑은 하늘을 보고 싶을 것이라고 혼자 판단해 커튼을 걷은 의사를 '편견'을 가진 사람이라 판단하는 건 이상했다. 또, 엘리베이터를 향해 뛰어오는 사람에게 "엘리베이터를 잡아드릴까요?" 하고 물어보지 않고 열림 버튼을 누르고 있었다면 이것도 편견이 되어야 하는데, 이 또한 상당히 이상했다.

만약 '상대방의 의사를 물어보았는가'가 편견의 여부를 결정한다면, 편견에서 벗어나기 위해서는 모든 경우에 항상 상대의 의사를 물어봐야 마땅하다. 그렇지만 다섯 살 사촌 동생이 뽀로로를 좋아하는지 의사를 물어보고서 선물을 사야 한다면, 앞으로 깜짝 선물이란 건 있을 수가 없을 것이다. 사촌 동생의 의사를 묻지도 않고 뽀로로 인형을 사 갔다고 해서 편견을 가진 사람이 되어버리는 건 말이 안 돼 보인다.

이와 비슷하게, 남동생이 파란색을 좋아한다고 생각해 파란 티셔츠를 샀다고 해서 이것이 편견이 되는 것도 이상하다. 물론 '남자가 파란색을 좋아할 거라는 생각은 편견이야!' 하고 생각할 순 있겠지만, 그렇게 치면 다섯 살이 뽀로로를 좋아한다고 생각하는 것도 못된 편견이어야 마땅할 텐데, 이 또한 이

상하지 않은가.

여섯 번째 후보는 '과학적으로 밝혀진 기전의 존재 여부'
이다. 이를테면 남성은 호탕하고 여성은 조신한 성격을 가졌
다는 생각이 '통계적 유의성'이 아닌 '과학적 눈'으로 참이 되
려면 남녀 뇌의 구조와 기능상 모종의 차이가 있어 해당 성격
차이로 귀결되어야 할 텐데, 적어도 내가 알기로는 남녀 뇌의
구조상 이런 기전이 밝혀지지 않았으므로 따라서 이 생각은
편견이라는 것이다.

그러나 이 후보 또한 문제가 있다. 과학적 기전이 밝혀져야
만 '편견'이 아닌 것이 된다면, 과학적으로 기전이 밝혀지지
않았지만, 통계적으로는 유의한 상관관계를 보이는 무수한 경
우에 대해 어떠한 말도 함부로 하지 못하게 된다. 이를테면 다
섯 살 아이가 뽀로로를 좋아할 것이라는 생각은 통계적으로
유의미한 상관관계를 보이지만, 다섯 살 아이가 뽀로로를 좋
아하게 되는 모종의 정신분석학적, 과학적 기전이 밝혀지지
않았다면 다섯 살 사촌 동생에게 함부로 뽀로로 인형을 사 가
면 안 되는 식이다.

또, 일반인이 과학적 기전의 존재 여부를 검색할 방법을 알

고 있는 경우도 매우 드물며, 검색해서 찾은 자료가 얼마나 신뢰성과 타당성을 갖추고 있는지 판단하기 위한 전문 교육도 받지 않았다. 따라서 결국 전문 교육을 받은 이들만 이 발언을 할 수 있다는 이상한 결론에 이른다. 결국 '과학적 기전의 존재 여부'도 편견을 결정짓는 후보로 적합하지 않았다.

이쯤 되니 이런 의문이 점점 생겨났다.

"아니, 애초에 편견이 대체 뭐야?"

좋은 고정관념 vs 나쁜 고정관념

어릴 적부터 우리는 특정 생각은 편견이고, 편견은 나쁘기에 그렇게 생각하면 안 된다고 교육받았다. 편견에 해당하는 유명한 생각들로는 '여성은 힘이 약하다', '남성은 파란색을 좋아한다', '여성은 조신한 성격이고 남성은 호탕한 성격이다'와 같은 것들이 있다.

어린 시절, 비판적으로 사고하는 법을 잘 몰랐기에 우리는

"그래서 편견이 뭔데?" 하는 질문조차 던지지 않았다. 편견이란 그냥 '여성은 힘이 약하다'와 같은 나쁜 생각 정도로만 여겼다. 적어도 나는 그랬다.

그러나 의학을 배우다 보니 뭔가 이상했다. 어떤 환자도 이마에 '나는 이런 질환입니다'라는 명찰을 붙이고 진료실에 들어오지 않는다. 의사가 보는 건 환자의 증상이나 징후가 전부다. 여기서 문제는 똑같은 증상과 징후를 보이는 질환들만 해도 수십, 수백 가지가 넘는다는 점이다. 그 모든 질환을 감별하기 위해서는 수십, 수백 가지의 진단 검사를 해야만 하는데, 그러면 치료가 아닌 '진단'만 하기까지도 많은 시간이 걸릴 것이다. 이를테면 심한 기침으로 병원을 찾아갔는데, 진단하기 위한 검사만 몇 주씩 하고 있다면 환자는 얼마나 답답하겠는가.

따라서 의학에서는 추정이라는 걸 한다. 현재의 증상, 징후뿐 아니라 과거에 어떤 질환들에 걸렸었고, 어떤 생활 습관을 가지고 있으며, 가족 구성원은 어떤지, 거주 지역은 어딘지 등의 다양한 여타 정보들을 토대로 하여 질환의 후보를 간추리는 것이다. 바로 이를 위해 의과대학에서는 '역학'이라는 걸 배우기도 한다.

이를테면 열이 나며 기침을 하는 환자가 왔다면 떠올릴 수 있는 질환이 수십, 수백 가지지만, 여기에 '참게장을 즐겨 먹는다'는 생활 습관이 더해진다면 폐흡충 감염을 가장 먼저 의심하고, '얼마 전 가을철에 성묘를 다녀왔다'라는 정보가 더해진다면 '털진드기에 의한 쯔쯔가무시(진드기의 유충에 물려서 발생하는 감염성 질환)'를 가장 먼저 의심하는 것처럼 말이다.

물론 참게장을 즐겨 먹기는 하나, 그와 별개로 단순히 감기에 걸린 것일 수도 있지 않은가. 혹은 폐암일 수도 있을 테고, 아니면 목에 땅콩 같은 작은 이물질이 걸린 것일 수도 있다. 열거하자면 끝이 없을 수많은 '반례'들이 있지만, 그 무수한 가능성들에 대한 검사를 일일이 해볼 시간이 없기에 우선 폐흡충 감염을 의심하고 폐흡충에 대한 면역혈청학적 검사와 객담, 대변검사를 진행한다.

바로 여기가 내 문제의식의 발단이었다. '여성은 힘이 약할 것이다'라는 추정이 반례가 있기 때문이라는 이유로 나쁜 생각이고 편견이라면, 마찬가지로 '참게장을 즐겨 먹는 사람이 심한 기침을 한다면 폐흡충 감염일 것이다'라는 추정 또한 반례가 있기에 나쁜 생각이고 편견이어야 하지 않겠는가. 그러나 문자 그대로 '모든' 의사가 '모든' 진료 현장에서 환자와의 면담을 통해 머릿속에서 질환의 후보를 간추리는 작업을 한다. 반례가 있을 수 있음에도 말이다. 그렇다면 모든 의사는 편견을 갖고 있다는 것인가? 즉 모든 의사는 나쁜 생각에 찌들어 있는 것이고, 환자 면담을 통해 질환 후보를 간추리는 건 편견에 근거한 나쁜 행동, '차별'인가?

2년 뒤, 흰 가운을 걸치고 환자 진료를 직접 보기 시작했을 때 나도 모르는 사이에 편견에 휩싸이면 안 되지 않겠는가. 모든 의료 현장에서는 환자 상태를 보고 추정에 들어가기에, 의사가 되기 전에 나는 무엇이 편견이고 무엇이 편견이 아닌지 기준을 찾아야만 했다.

실제로 모의 환자 면담 실습을 하던 중, 대상포진과 매독의 과거력이 있는 30대 초반의 남성이 숨이 차고 기침이 나오며 체중이 감소해 내원한 사례를 만났다. 의학도로서 나는 급격한 면역 저하를 일으키는 에이즈AIDS를 의심해 에이즈 검사를 시행해볼 것을 권했는데, 모의 환자는 "내가 숨 좀 차고 과거에 대상포진 걸렸다고 해서 에이즈라고 의심하는 거야? 숨차고 살 좀 빠지면 뭐 다 에이즈야? 당신, 그거 편견이야!" 하며 격하게 반응했다. 질환 중에서는 의심받는 것 자체만으로 기분이 나쁜 질환도 있으니, 충분히 이해되는 반응이었다. 그러나 이런 상황에서, 환자에게 '이 생각은 편견이 아니다'라는 걸 설명하고 이해시키기 위해서는 나부터가 무엇이 편견이고 무엇이 편견이 아닌지에 대한 탄탄한 논리가 있어야 했다. 그리하여 나의 오랜 고민이 시작됐다.

많은 대학 동기, 교수님들과의 대화 끝에 나는 답을 '고정관념stereotype'에서 찾을 수 있었다. 흔히 고정관념을 부정적으로 보는 경우가 많다. 그러나 대중의 인식과 달리, 고정관념은 그 자체로 부정적인 의미를 내포하지는 않으며 오히려 중립적인 단어다. 사실 고정관념에 대한 정의도 사람마다 조금씩 다르지만, 고정관념이라는 단어를 최초로 사용한 저널리스트 월터 리프먼Walter Lippmann에 따르면 고정관념이란, '특정한 사회 집단에 대해 생각할 때 머릿속에 떠오르는 전형적인 그림'이다.

이를테면 '노인'이라는 사회 집단을 딱 떠올리면 머릿속에 바로 그려지는 그림이 누구나 다 있을 테다. '머리가 하얗고, 허리는 조금 굽었고, 지팡이를 짚었으며, 얼굴에는 주름이 있는 모습' 정도이지 않을까. 누구도 노인을 떠올릴 때 아놀드 슈워제네거(현재 75세가 넘었지만 여전히 엄청난 근육을 자랑하는, 과거 보디빌더이자 영화배우)처럼 어깨가 태평양처럼 넓고 우락부락 근육질의 모습을 그리지 않는다. 그렇다고 해서 우리가 '노인'이라는 집단을 떠올리며 머릿속으로 그린 그림이 '나쁜 것'은 아니지 않겠는가.

이처럼 고정관념은 그 자체로 긍정적이지도, 부정적이지도 않다. 아니, 어쩌면 아주 오래전부터 크고 작은 무리를 지어 생활했던 호모 사피엔스의 특성상 '특정 무리에 대해 어떤 인식이나 그림'을 갖게 되는 건 자연스러운 것일지 모른다. 이는 어쩌면 인류의 등장과 함께 생겨난, 어느 시대, 어느 사회에나 존재하는 개념일지도 모르겠다.

그러나 그 자체로는 중립적인 고정관념이 간혹 나쁘게 사용될 때가 있다. 이럴 땐 앞에 수식어를 붙여 '나쁜 고정관념'이라고 부르고, 반대로 간혹 좋게 사용될 땐 '좋은 고정관념'이라고 부른다. '나쁜 고정관념'으로 인한 감정적 평가를 가리켜 '편견'이라 부르고, 이 감정을 기반으로 이루어지는 행동을 가리켜 '차별'이라 부른다. 즉 어떤 집단에 대해 갖는 인지적 측면이 고정관념이고, 그중 나쁘게 사용되는 고정관념으로 인해 생성되는 감정적 측면이 '편견', 행동적 측면이 '차별'이다. 또 이와 반대로 '좋은' 고정관념을 기반으로 하는 행동은 '배려'가 된다.

예를 들어, '닭'을 떠올렸을 때 '다리가 두 개'라는 그림이 그려지는 것은 당연히 자연스럽다. 따라서 '닭은 다리가 두 개다'라는 인지적 도식(경험을 해석하기 위해 구성된 일련의 조직화된 행동 또는 사고 양식)은 중립적인 고정관념이다. 그러나 마찬가지 이유로 고정관념에 해당하는 '사람은 다리가 두 개다'라는 인지적 도식을 기반으로, 다리 하나를 잃은 환자를 보고서 "사람은 다리가 두 개여야 하는데 다리가 한 개밖에 없으므로 당신은 사람도 아니야!" 하는 감정적 평가를 한다면 이것은 '편견'이며, 이제 해당 고정관념은 '나쁜 고정관념'이 된다. 그리고 만약 이 감정적 평가가 행동으로까지 이어진다면 그 행동은 '차별'이 되는 것이다.

인지적 도식	고정관념	
	나쁜 고정관념	좋은 고정관념
감정적 평가	편견	·
행동적 측면	차별	배려

배려와 차별은 어쩌면 한 끗 차이

그렇다면 편견은 어떻게 교정될 수 있을까? 간단하다. '나쁜 고정관념'을 수정하면 된다. 고정관념을 수정하는 작업은 생각보다 간단하다. 고정관념은 세상을 이해하고자 하는 생각의 틀, 즉 일종의 인지적 도식이며 도식이 수정되기 위해서는 기존의 도식으로 이해되지 않는 새로운 경험을 해보면 된다. 이를 가리켜 '반례'라고 부른다. 이를테면 지금껏 누런 소만 봐왔던 이에게 검은색 소나 얼룩무늬 소를 보여준다거나, 머리가 한 개인 사람만을 봐왔던 이에게 머리가 두 개인 샴쌍둥이를 보여주는 식이다.

반례를 마주한 사람은 순간 '인지적 불평형' 상태에 놓이지만, 모든 인간은 평형화 욕구, 즉 이해하고자 하는 욕구를 가지기에 시간이 지나 조절과 동화라는 적응의 과정을 거치며 인지적 도식, 즉 고정관념을 수정하게 된다. 이를테면 소의 색깔로 누런색 외에 검은색과 얼룩무늬를 추가한다거나, 혹은 아예 스스로가 가진 '소'의 개념에서 '색깔'이라는 요소 자체를 제거하는 식이다. 또, 사람의 머리 개수로 '한 개' 외에 '두 개'도 추가한다거나, 혹은 아예 스스로가 가진 '사람'의 개념에서 '머리 개수'라는 요소 자체를 제거하는 식이 되겠다.

이렇게 '나쁜 고정관념'을 수정하면 그로 인한 나쁜 감정인 '편견'이나, 나쁜 행동인 '차별'도 개선될 수 있다. 그럼 다시 앞에서 보았던 여덟 가지 예시 문장을 살펴보도록 하자.

(1-1) 여성은 힘이 약할 것이라 생각해 무거운 짐을 내가 대신 들어주었다.

(1-2) 노인은 힘이 약할 것이라 생각해 무거운 짐을 내가 대신 들어주었다.

(2) 엘리베이터를 향해 뛰어오는 사람을 보고, 엘리베이터에 타려고 그러는 것 같아 열림 버튼을 계속 눌러주었다.

(3-1) 전신 마비로 어떠한 의사 표현도 하지 못하는 환자가 맑은 하늘을 보고 싶을 것이라 생각해 커튼을 걷어 창밖이 보이도록 해주었다.

(3-2) 다섯 살 사촌동생이 뽀로로를 좋아할 것이라 생각해 깜짝 선물로 뽀로로 인형을 샀다.

(3-3) 다섯 살 남동생이 파란색을 좋아할 것이라 생각해 깜짝 선물로 파란 티셔츠를 샀다.

(4) 참게장을 즐겨 먹는 남성이 심한 기침을 하며 피가 섞인 가

래 뱉어냈다고 내원했다. 의사는 이를 폐흡충 감염일 것이라 생각해 폐흡충에 대한 면역혈청학적 검사와 객담검사, 대변검사를 시행했다.

(5) 6개월 전 대상포진과 매독에 걸린 과거력이 있는 30대 초반의 젊은 남성이 숨이 차고 기침이 나오며 체중이 감소하여 내원했고, 면담 결과 현재 친구와 둘이서 거주하고 있으며 과거 매독에 걸려 치료를 받았던 적이 있다고 해서 에이즈(AIDS)가 의심되어, 의사는 에이즈 검사를 시행했다.

이제 확실한 건, 위의 여덟 문장 모두 고정관념이라는 것이다. 여성, 노인, 엘리베이터를 향해 뛰어오는 사람, 전신마비 환자, 다섯 살 아이, 남동생, 참게장 먹고서 심한 기침하는 사람, 대상포진과 매독에 걸린 과거력이 있는 숨차고 체중이 감소한 30대 초반 남성이라는 집단을 머릿속으로 딱 떠올렸을 때, 그려지는 '그림'을 근거로 행동한 것이므로 모두 고정관념이라는 것은 확실하다. 그러나 나의 의문은 여전했다.

"그럼 이 고정관념 중에서 뭐가 '나쁜' 거고, 뭐가 '좋은' 건데?
무엇을 기준으로 그걸 판단할 수 있지?"

고민이 다시 원점으로 돌아왔다. 어떤 고정관념이 나쁜 것이고 또 어떤 고정관념이 좋은 걸까? 이를 결정하는 기준이 대체 뭘까? 반례 여부? 듣는 사람의 기분? 말하는 사람의 의도? 통계적 정확성? 발언의 엄밀성? 상대방의 의사를 물어보았는가의 여부? 과학적 기전의 존재 여부?

고정관념과 편견에 대한 개념을 재정립했음에도, 여전히 무엇이 나쁜 고정관념이고 무엇이 좋은 고정관념인지 구분하는 기준을 찾는 건 만만치 않다. 그러나 어렵다고 하여 이 기준에 대한 고민을 멈춰서는 안 된다.

배려와 차별은 한 끗 차이다. 두 가지 모두 특정 집단에 대한 고정관념을 근거로 이루어지므로, 언제든 배려는 차별로 둔갑할 수 있다. 배려하는 마음으로 노인에게 자리를 양보했지만 "내가 늙었다고 혼자 서 있지도 못할 거라 생각하는 거야?" 하며 이를 차별로 받아들일 수도 있는 것처럼 말이다.

의사는 추정을 하는 사람이라 해도 과언이 아니다. 진단 과정에서도 수많은 추정을 하고, 환자에게 무엇이 선행인지 판단할 때에도 역시 추정을 하지 않는가. 이러한 추정은 본디 특정 집단에 대해 가지고 있던 고정관념에 근거하는데, 그리하여 이 고정관념이 좋은 고정관념이라면 추정에 근거한 행동은

'배려'이자 '선행'이 될 테고, 만약 나쁜 고정관념이라면 추정에 근거한 행동은 '차별'이자 '악행'이 될 것이다.

따라서 의사는 무엇이 배려이며 무엇이 차별인지, 즉 무엇이 '좋은' 고정관념이고 무엇이 '나쁜' 고정관념인지에 대해 끝없이 고민해야 한다. 그리고 지금껏 그래왔듯, 역시나 이 질문에 대한 객관적 정답은 존재하지 않는다. 마치 절대적인 '선악'이 존재하지 않았던 것처럼 말이다.

너무나 당연하게 편견이라 배워왔던 생각들이 있음에도 '무엇이 편견인가?'에 대한 객관적 정답이 존재하지 않는다니, 상당히 의아할 수도 있을 것이다. 그러나 세상에는 '물 분자는 수소 원자 두 개와 산소 원자 한 개로 이루어진다'처럼 객관적인 정보가 있는 반면, 축구 경기 규칙처럼 '상호주관적相互主觀的(주관적인 경험이나 생각이 상호, 혹은 다자간에 공감대를 이루는 경우) 정보'도 있다. 또한 『사피엔스Sapiens』로 유명한 역사학자 유발 하라리Yuval Noah Harari의 언어를 빌리자면 '가상의 실재'도 있다. 축구 경기 규칙은 객관적으로 존재하는 정보라 생각하기 쉽지만, 사실 이건 객관적으로 존재하는 것이 아닌, 사람들의 합의로 인해 탄생한 '가상의 실재'다.

'가상의 실재'에 대해 쉽게 이해하기 위해 다른 예시를 들어보자면 바로 '나'가 있다. 흔히 '나'라는 건 객관적으로 존재하는 정보라 생각하기 쉽지만, 사실 '나란 무엇인가?'라는 질문만큼 답하기 어려운 게 또 없다. 만약 내가 팔을 로봇 팔로 바꿔 끼운다면 그것은 '나'인가? 팔뿐 아니라 다리, 눈, 코, 입, 심장, 심지어 뇌까지 로봇으로 바꿔 끼운다면? 그건 여전히 '나'인가? 또, 우리 몸의 모든 세포는 1년 정도면 모두 죽고 새로운 세포로 바뀐다. 즉 1년 전의 '나'와 1년 후의 '나'는 어느 세포 하나도 동일하지 않은데, 그럼 여전히 이 개체를 '나'라 부를 수 있을까?

　혹은, 만약 다른 사람과 나의 세포를 서로 하나씩 계속 주고받는다고 상상해보자. 그럼 언젠가 내가 다른 사람이 되는 걸까? 다른 사람이 내가 되는 걸까? 모두 답하기 어려운 질문들이다. 이처럼 객관적으로 존재한다고 생각하기 쉬운 '나'조차도 그저 상호주관적 정보, 즉 가상의 실재다.

　편견, 차별, 배려의 개념도 마찬가지다. 객관적으로 어딘가에 존재하는 나쁜 생각, 나쁜 행동, 좋은 행동의 개념이 아니라, 그저 사람들의 합의로 인해 탄생한 가상의 실재일 뿐이다. 그렇기에 절대적 선악이 존재하지 않듯, 절대적 '차별'과 '배려'도 존재하지 않을지도 모른다. 똑같은 행동이 누군가에 겐 차별이 될 수도, 누군가에겐 배려가 될 수도 있으며, 따라서 누군가에겐 '좋은' 고정관념이 누군가에겐 '나쁜' 고정관념이 될 수 있다.

그렇지만 객관적인 답이 없다고 해서 고민을 포기해서는 안 된다. 의사는 〈선행의 원칙〉과 〈해악 금지의 원칙〉을 지켜야 하지 않던가. 〈선행의 원칙〉을 지켜야 하는 의사로서 좋은 고정관념을 기반으로 배려를 행해야 하지만, 동시에 〈해악 금지의 원칙〉을 지켜야 하는 의사로서 나쁜 고정관념과 이를 기반으로 하는 차별은 피해야 한다.

예를 들어, 선천성 심장병 환자는 심폐기능이 약할 것이라 생각해서, 배려하는 마음으로 평상시 운동을 줄이고 휴식을 취하라고 의사가 권고했다고 생각해보자. 의사는 '좋은 고정관념'에 기반해 배려한 것이지만, 이는 오히려 심장병 환자가 건강하게 사회에 복귀하여 생활하고 사회에 적응하는 기회를 막는 차별 행위가 될 수도 있다. 이 환자가 도전적인 운동을 통해 심폐기능을 회복할 기회를 뺏는 것일 수도 있기 때문이다.

이처럼 의료 현장에서 의사의 판단은 동전 뒤집듯 관점에 따라 '선행'인 배려가 되기도, '악행'인 차별이 되기도 한다.
이러한 현실 속에서 독자 여러분이라면 어떻게 할 것인가?

의대생의 고민 노트 #3

오늘, 병원을 나서며…

[생각 하나]

병원에 대한 개인적인 경험이 다들 있으실 테지요. 가기만 하면 기분이 확 나빠지는 병원도 있고, 편안하고 따뜻한 느낌을 받는 병원도 있습니다. 이 차이가 어디서 오는 것 같은지, 주위 지인에게 물어보면 전부 입을 모아 '공감'이라고 말했습니다.

[생각 둘]

정말 사람들은 '공감'하는 의사를 원할까요? 의사는 환자에게 공감해야 할까요? 교수님이 하루에 50명이 넘는 환자를 보는 현장을 옆에서 참관한 후로 생각이 많아졌습니다. 이쯤에서, 의사-환자 사이의 세 분류를 다시 떠올려보게 됩니다.

첫째, 능동-수동형

둘째, 지도-협력형

셋째, 공동 참여형

의사와 환자 양쪽의 입장이 모여 의사-환자 관계를 형성하기에, 의사도, 환자도 어떤 관계를 형성해나갈지 선택해야 합니다.

[생각 셋]

어릴 적부터 우리는 특정 생각은 편견이고, 편견은 나쁘기에 그렇게 생각하면 안 된다고 교육을 받았습니다. 그러나 의학을 배우다 보니 뭔가 이상했어요. 어떤 환자도 이마에 '나는 이런 질환입니다'라는 명찰을 붙이고 진료실에 들어오지 않으니까요.

따라서 의학에서는 추정이라는 걸 하고 '역학'을 배우기도 하는데, 바로 이것이 고민의 주요한 지점이었습니다. 고정관념과 반례 사이에 놓인 의료 현장에서, 의사의 판단은 관점에 따라 '선행'인 배려가 되고, '악행'인 차별이 되기도 했습니다. 여러분과 같이 좀더 생각해보고 싶습니다.

--------● 생각 더하기 ●--------

환자 입장에서, '좋은 의사'란 어떤 사람일까요?
편견과 배려와 차별의 차이는 대체 무엇일까요?

"우리는 모두들 북적대며 살아가고 있다.
하지만 우리는 너무나 고독하게 죽어가고 있는 것이다."
_알버트 슈바이처(의사)

Part 4

× 9 ×

삶과 죽음 사이(1):
모든 의사는 실패할 숙명인가?

결국 모든 의사는 실패할 숙명인가?

어릴 적 유치원에서 직업에 대해 배울 때, 의사는 사람을 살리는 사람이라 배운 기억이 있다. 의사가 막연히 멋있게만 느껴졌다. 사람을 살린다니! 뭔가 신적인 능력이 있는 느낌이랄까.

이렇게 유치원 시절, 좋은 느낌으로 새겨진 의사라는 직업에 대한 나의 생각은 고등학생 때 가까운 사이였던 형이 사고로 생을 마감하며 틀어지기 시작했다. 분명히 의사는 사람을 살리는 사람이라고 했는데… 요리하는 사람인 요리사가 제대로 된 요리를 내주지 않으면 손님으로서 요리사에게 화가 나는 것처럼, 사람을 살리는 사람인 의사가 형을 살리지 못했으니 원망과 분노가 의사를 향했다. 그러나 사실, 머리로는 그 답을 알고 있었다. 의사는 신이 아니기에 모든 사람을 살릴 수는 없다는 것을. 시간이 지나 차츰 그런 감정이 가라앉자, 내게는 이런 의문이 생겼다.

"모든 의사는 그럼 다 실패할 숙명인 거 아니야?"

의사의 역할이 단지 사람을 살리는 것이라면, 모두가 필연적으로 죽음을 맞이할 수밖에 없는 현실 속에서 모든 의사는 미션을 실패할 수밖에 없는 숙명이지 않겠는가.

어찌 보면 자연의 섭리를 거스르는 부자연스러운 일이 의사의 본질은 아닐 것이라는 생각이 들었다. 단순히 살리는 것 너머의 무언가가 더 있으리라는 근거 없는 확신이 들었다. 살리는 것 이외에 더 중요한 가치는 없을까? 진정 '살아 있다'는 건 절대 불가결한 가치를 지니는 걸까? 정말 모든 의사는 실패할 숙명인가?

죽음은 악일까?

가나의 가Ga 부족은 행복한 장례식을 치른다. 이 부족의 장례식에서 가장 눈에 띄는 건 바로 독특한 모습을 한 관이다. 이들은 고인이 생전 좋아했던 것, 갖고 싶었던 것, 고인의 직업, 삶, 습관 등을 반영한 모습의 관을 제작한다. 이를테면 비행기를 타고 싶어 했던 할머니를 위해 비행기 모양으로 만든다거나, 고인이 맥주를 많이 마셨다면 맥주 모양으로, 나이키 신발을 원했다면 나이키 신발 모양으로 만드는 식이다. 그리하여 초콜릿 모양, 아이스크림 모양, 눈사람 모양, 독수리 모양 등, 고인을 위한 맞춤형 관에 고인을 모시고서 그들은 고인의 '새로운 여행'을 축하한다.

위 이야기에 나오는 '가' 부족 구성원들에게 죽음은 새로운 출발 혹은 새로운 여행을 의미한다. 따라서 그들에게 장례식은 고인이 생전에 하고 싶었던 것을 마음껏 할 수 있는 여행을 축하하는 행사이자 축제다. 장례식에서 마을 사람들은 모두 모여 노래를 부르고 신나게 춤을 추며 고인을 추모하며 축하한다. 이들은 슬픔을 이기기 위해 노래하고 춤추는 것이 아니라, 진심으로 고인의 새 출발을 축하하는 마음으로 행복하게 축제를 즐긴다고 한다.

죽음을 일반적으로 고통과 슬픔, 두려움으로 규정하는 우리들에게 가 부족이 보이는 죽음에 대한 태도는 선뜻 이해하기 힘들다. 보통 생명을 절대 불가결한 '선'으로, 반대로 죽음은 절대 불가결한 '악'으로 여기곤 한다. 그리고 이 생각과 조금이라도 어긋나는 행위를 한 사람에게는 '악인'이라는 낙인이 찍히기도 한다. 이를테면 할아버지가 입원한 상태에서, 점점 상태가 나빠지고 아무리 수를 써도 치유가 되지 않아 결국 치료를 포기해야 할 것 같을 때, "치료를 포기합시다" 하는 말을 입 밖으로 낸 가족이 있다고 생각해보자. 그 가족은 다른 친척들 사이에서 곧장 천하의 불효자식으로 낙인이 찍힐 수도 있다.

물론 삶과 죽음이 지니는 가치는 상당하다. 하지만 생명을 절대 불가결한 신의 위치에 놓아버린다면 다른 사항에 대한 논의 자체가 불가능해진다. 이를테면 치료 비용이나 의료 자원, 관계, 삶의 질 등 어떠한 요소를 가져오더라도 생명이 언제나 더 중요하다는 결론에 이르게 되기 때문이다. 그래서 이 논리에 따라 환자의 생명을 최우선순위로 둔다면, 심장이 멈춘 환자에게 의료진은 몇 시간이고, 며칠이고, 몇 개월, 몇 년이고 심폐소생술을 지속해야만 한다.

몇 년 전 사석에서 만난 교수님이 반쯤 농담 삼아 이런 말씀을 하셨다. "현대 의학으로 환자를 살리지 못할 수는 있지만, 환자가 절대 죽지 않게 할 수는 있어." 처음 들었을 땐 이게 무슨 의미인가 싶었지만, 말 그대로 환자를 사람답게 살 수 있도록은 못할지언정, 절대로 죽지는 않게 수명을 끝없이 연장시킬 수는 있다는 뜻이었다. 그런데 절대 죽지는 않도록 몇 년이고 몇십 년이고 계속 환자의 생명만 연장하는 게 과연 정말 옳은 걸까?

이제부터 할 질문은 어쩌면 아주 위험한, 의문을 품는다는 것 자체만으로도 비난받을 수 있을지도 모르는 질문이다.

"과연 생명은 절대 불가결한 선인가? 진정 생명보다 더 중요한, 혹은 동등한 가치를 지니는 다른 가치는 없는가?"

상당히 위험한 질문이지만 동시에 흰 가운을 걸치기 전에 반드시 고민해봐야 할 문제이기도 하다. 의사는 분명 선택의 기로에 놓일 테고, 자신의 선택으로 누군가는 생명을 이어갈 수도, 누군가는 삶의 마침표를 찍을 수도 있으니 말이다.

그럼 산다는 것에는 얼마만큼의 가치를 부여해야 하는 걸까? 아니, 애초에 산다는 건 무엇이고 죽는다는 건 무엇일까? 필연적으로 모두가 언젠가 죽을 현실 속에서 삶은 어떤 의미를 지니는 것일까?

"삶과 죽음 사이에서, 의사의 역할은 무엇일까?"

두 효자 이야기

조선 팔도에 소문난 효자가 두 명 있었으니, 한 명은 한양에, 다른 한 명은 시골에 살고 있었다. 두 효자는 서로 만나서 효도에 관해 이야기를 나눠보기를 원했다. 이에 한양 효자가 마부를 보내 시골 효자를 자신의 집으로 초대했다. 한양에 도착한 시골 효자는 한양 효자가 행하는 효를 보았다.

한양 효자는 아침 일찍 일어나 산해진미를 준비해 부모님께 아침 식사를 올렸고, 이어 후식으로는 탐스러운 과일을 정성스레 마련했다. 이런 한양 효자의 모습을 보고서 시골 효자는 답례로 한양 효자를 자신의 집으로 초대했다.

며칠 뒤, 한양 효자가 시골 효자의 집을 방문했다. 그런데 그 집에 시골 효자는 없고 시골 효자의 어머니만 있었다. 한참 후 저녁 무렵, 밭일을 마친 시골 효자가 돌아와 대문 안으로 들어서자, 안방에 있던 어머니가 급히 나와 대야에 물을 담아서 아들의 손발을 깨끗이 씻겨주었다. 이후 어머니는 직접 저녁상을 마련해 아들과 저녁 식사를 함께했다.

이 모습을 보고 한양 효자는 몹시 실망했다. '어떻게 저런 아들이 효자란 말인가?' 이에 한양 효자는 자초지종을 기록해 임금께 상소문을 올렸고, 며칠 뒤 임금이 한양 효자와 시골 효자, 시골 효자의 어머니를 궁궐로 불렀다.

세 사람을 앞에 두고 임금이 시골 효자에게 물었다.

"어떻게 그것이 효인가?"

이에 시골 효자는 다음과 같이 짤막하게 답했다.

"이렇게 해야 어머니께서 좋아하십니다."

임금이 다시 시골 효자의 어머니에게 물었다.

"어떻게 저런 행위를 하는 아들이 효자란 말인가?"

이에 시골 효자의 어머니가 답했다.

"내 아들은 분명 효자입니다. 밭일을 하고 돌아온 아들의 손발을 씻겨주는 게 이 어미의 하루 일과 중 가장 기쁜 일입니다. 제 아들은 어미를 밭일하지 않게 하고 집 안에서 편히 쉬게 하며 저녁 밥상을 함께하는 효자입니다."

이 말을 듣고서 한양 효자는 큰 깨달음을 얻었고, 임금은 시골 효자에게 후한 상을 베풀었다.

의료 현장에서 환자의 치료를 결정할 때, 순수하게 환자 개인의 의사만 반영되지 않는 경우도 종종 있다. 특히 환자가 고령이거나 상태가 나빠서 의사를 제대로 표현하지 못할 때면,

보호자와 의사가 환자의 치료 방향을 결정하는 데에 관여하곤 한다. 그리고 우리나라는 정서상 보호자가 고령 환자의 치료를 포기하는 결정을 하지 않는 경우가 많다. 의학적으로 환자의 건강이 개선되지 않을 것이 분명한 상황임에도 기적을 바라며, 환자의 치료를 절대 중단하지 않는다. 어떻게든 생명을 유지하는 것이 효이고 치료를 중단한다면 불효라고 생각하는 보호자를 어렵지 않게 찾아볼 수 있다.

위에서 본 전래동화 「두 효자 이야기」는 이런 보호자의 생각과 태도에 깊은 질문을 던진다. 산해진미와 탐스러운 과일을 정성스레 어머니에게 올리는 것은 어쩌면 진정으로 어머니를 위한 것이 아니라 아들의 만족감을 위한 것이었을지 모른다. 사회적 통념이 규정한 효자의 모습이 반드시 나의 어머니에게도 효자이리라는 법은 그 어디에도 없지 않은가. 어쩌면 어머니는 아들이 정성을 다해 상을 바치는 것보다, 당신께서 아들의 손발을 씻기고 아들을 위한 밥을 차려 함께 맛있게 저녁을 먹는 것에서 더 큰 기쁨을 느낄지도 모른다.

물론 정성스레 올린 산해진미와 탐스러운 과일을 먹는 데에서 큰 기쁨을 느끼는 어머니도 있을 것이다. 무엇이 맞고 틀린 것이라고 이야기하고 싶은 게 아니다. 어머니를 위해 정성들인 상을 올리는 건 효자가 아니고, 어머니에게 손발을 맡기고 어머니가 차리신 저녁을 함께 먹는 것만이 효자라는 말을 하고 싶은 것도 아니다.

이 이야기를 통해 알 수 있는 중요한 점은 보호자가 생각하는 '최선'과 환자 본인이 생각하는 '최선'이 분명 다를 수 있다는 것이다. 사회적 통념의 눈으로 본 최선은 결코 모두에게 적용할 수 있는 것이 아니다. 최선의 기준은 분명 사람마다 다르다. 따라서 우리는 환자를 위한 결정을 내릴 때 이것이 진정 환자 본인에게 최선일지, 아니면 혹시 그저 우리의 만족감이나 사회적 통념의 눈으로만 보고 있는 것인지 반드시 구분해야 한다.

사회적 통념의 눈과 보호자의 만족감 충족을 위한 답은 '무조건 살리기'인 경우가 대부분이다. 그러나 다시 한번 말하지만 우리는 반드시 그 선택이 진정으로 환자 본인에게도 최선일지 고민해봐야만 한다. '환자 본인에게 최선일 것'과 '보호자의 만족감', '사회적 통념' 그리고 '의료진의 입장'을 구분해야, 그제야 의사는 비로소 진정으로 환자를 위한 선행을 행할 것이기 때문이다.

살리는 것이 언제나 정답일까?:

치료를 거부하는 성인 환자

의사는 보호자의 입장이나 자신의 입장이 아니라 환자 입장에서 최선의 결정을 내려야 한다. 따라서 환자가 입장을 표현했느냐 하지 않았느냐가 가장 큰 화두가 된다. 그러나 환자가 입장을 표현했을지라도, 만약 환자의 의사결정이 충분한 이성적 판단하에 이루어진 것이라 보기 어려운 경우라면 이 또한 고민이 되는 지점이다.

따라서 이번 〈9장〉과 이어지는 〈10장〉에 걸쳐 의사를 표출하는 성인 환자의 사례 세 가지와 의사를 표출하는 미성년자 환자의 사례 두 가지 그리고 아예 의사를 표현할 능력이 없는 환자의 사례 두 가지로 나누어 살펴보려고 한다.

사례 1

33세 남성 권투선수가 첫 번째 경추(목뼈) 골절을 당해, 목 아래 신체가 전부 마비됐고 스스로 호흡이 불가능해 인공호흡기에 의존하고 있다. 환자는 현재 입원한 지 3개월이 됐으나 전혀 차

도가 없으며 앞으로도 회복될 가능성은 없다. 정신건강의학과 진료 결과 정신이 뚜렷하고 자신의 의학적 상태에 대해 잘 알고 있으며, 현재 상태에 대해 좌절하고 있지만 우울증은 아니다. 현재 환자는 반복적으로 분명하게 인공호흡기를 제거해달라고 요청하고 있다. 인공호흡기를 제거하면 환자는 자가 호흡이 불가능해 몇 분 내로 사망할 것이며, 환자도 이 사실을 잘 알고 있다.

이 환자의 주치의로서, 나는 인공호흡기를 제거해달라는 환자의 요청을 [수락/거절]할 것이다.

위 〈사례1〉처럼 회복될 가능성이 없는 경우, 단순히 생명 연장을 위해 시행하는 무의미한 연명 의료를 중단해달라는 젊은 성인 환자의 요구를 당신은 수락하겠는가?

〈연명 의료 중단에 관한 법률〉 제정으로 한동안 세간이 시끄러웠기에 사실, 이 상황에 대한 법적인 정답을 이미 알고 있는 독자도 많을 것이다. 그러나 법의 눈에 따라서만 판단하면 모든 답이 너무 간단하고 윤리적 '눈'이 개입할 여지가 사라진다. 사실 법이란 것도 애초부터 객관적으로 존재하던 것이 아니라 사람들의 논의를 통해 합의된 것이기에, 얼마든지 시대와 상황에 따라 바뀔 수 있다는 점을 잊지 말아야 한다. 법의 눈에서 벗어나 의학도로서, 의사로서, 한 개인으로서 이 상황을 윤리의 눈으로만 바라보자.

주치의가 만약 요구를 수락한다면 환자는 수 분 내로 사망할 것이다. 그렇다면 주치의는 환자에게 사망이라는 해악을 끼친 것이므로 〈해악 금지의 원칙〉에 명백히 위배된다. 그러나 만약 환자의 요구를 거절한다면? 환자는 계속 인공호흡기에 의존해 생명을 연장할 것이기에 사망이라는 해악을 끼치지는 않을 수 있겠으나, 환자의 죽을 권리를 침해했으니 〈자율성 존중의 원칙〉에 위배될 것이다. 더 나아가, 환자의 요구를 거절하는 것은 오히려 환자에게 심적 고통을 주는 해악을 끼친 셈이라 해석할 여지도 있다.

이런 상황에 놓인 의사로서 당신은 어떤 선택을 할 것인가? 환자의 요구를 무시하고서 치료를 지속할 것인가? 아니면 환자의 요구대로 인공호흡기의 전원을 끌 것인가?

사실 위 사례는 다른 변수들이 많이 통제되어 있다. 만약 이 환자가 입원한 지 3개월이 아니라 3일밖에 안 된 시점이었다면? 아직 충분한 시간이 지나지 않았으니 혹시라도 회복될 가능성이 있을 수 있으므로 더 시간을 두고 지켜보는 쪽에 힘이 실렸을지도 모른다.

아니면 환자가 정신건강의학과 진료 결과, 우울증 진단을 받았다면? 그렇다면 환자의 요구를 얼마나 곧이곧대로 받아들여야 할지 고민될 수도 있다. 우울증 환자가 자살을 시도했을 때, 그 말을 곧이곧대로 받아들여 자율성을 완전히 존중한다면 이는 자살 방조에 해당할 수도 있으니 말이다.

혹은 만약 환자가 의식을 회복하지 못한 상태로 몇 년째 인공호흡기를 단 채 생명을 연장하고 있다면? 그렇다면 가족 등 보호자의 생각을 들어볼 수는 있겠으나, 만약 보호자가 아무도 없는 상황이라면? 그럼 의사의 판단만으로 결정을 내릴 수 있을까?

또 만약 환자가 의식을 회복했지만, 보호자의 입장과 환자의 입장에 차이가 있다면? 그럼 누구의 판단을 따라야 할까? '당연히 환자의 입장을 따라야 한다'라고 생각한다면, 이 생각은 만약 환자가 성인이 아니라 미성년자일 경우에도 유지되는 걸까? 미성년자도 미성년자 나름일 수 있다. 우리가 앞서 법의 눈을 최대한 배제하기로 했으니, 환자가 다섯 살일 경우와 열 살일 경우, 열아홉 살일 경우에 판단이 전부 달라질 수도 있다.

또, 만약 환자가 인공호흡기를 떼어달라고 요청하긴 했지만, 아직 요청을 반복적으로 하지는 않았다면? 이를테면 이번에 요구한 게 두 번째였다면? 그렇다면 아직은 이 요청에 신뢰가 가지 않으니 더 많이 요청할 때까지 기다려야 할까? 몇 번째 요청쯤 되면 환자의 입장에 신뢰가 갈까? 하루에 열 번 의사를 불러 요청했다면 그건 신뢰해도 괜찮은 걸까? 아니면 하루에 한 번씩 열흘 내내 불러야만 신뢰할 수 있는 걸까?

이처럼 〈사례1〉은 변수가 많이 통제된 채, 무의미한 연명 의료임이 확실한, 정신건강의학상 질환이 없는 성인 환자가 분명하고 반복적으로 연명 의료를 중단해달라고 요청하는 상황이다. 그래도 본인이 정말 이 상황에 부닥친 의사라고 생각해보면 결코 쉽지 않은 결정일 것이다. 이 선택으로 인해 환자의 생이 끝나거나, 혹은 원치 않는(어쩌면 죽는 것보다 더 괴로울지도 모를) 삶을 억지로 살게 될 수도 있으니 말이다. 이런 상황 속에서 당신이라면 어떻게 하겠는가?

이어서 약간의 변수를 가미한 두 번째 사례로 가보자.

20세 남성 권투선수가 첫 번째 경추(목뼈) 골절을 당해 의식이
저하됐고 보호자인 어머니와 함께 응급실에 왔다. 환자는 목 아
래 신체가 전부 마비됐고, 스스로 호흡이 불가능해 응급실 의
료진은 환자 생존을 위해 기관내삽관(호흡곤란 환자의 호흡을 돕기 위한 목
적으로 기도에 관을 삽입하는 의료 행위)과 인공호흡기 적용이 필요하다고
판단하여 보호자인 어머니의 동의를 얻고 기관내삽관과 인공
호흡기를 적용했다.

이후 환자는 중환자실에 입원했고, 의식을 회복해 힘겹지만 의
사를 표현할 수 있을 정도가 됐다. 그러나 앞으로 환자는 더 이
상 회복될 가능성이 없으며, 평생 인공호흡기를 단 채로 살아
야 한다. 나는 주치의로서 의식을 회복한 환자에게 이 사실을
알려주었고 환자는 이를 잘 이해했다. 환자는 이틀 뒤 나에게
인공호흡기를 제거해달라고 요청했다. 인공호흡기를 제거하면
환자는 자가 호흡이 불가능해 몇 분 내로 사망할 것이며, 환자
도 이 사실을 잘 알고 있다.

나는 환자의 의사를 보호자인 환자 어머니에게 전달했지만, 보
호자는 동의하지 않았다. 그러나 환자는 여전히 인공호흡기를

제거해달라고 지속적이고 분명하게 요청하고 있다. 정신건강
의학과 진료 결과 그는 정신이 뚜렷하고 자신의 의학적 상태에
대해 잘 알고 있다. 현재 상태에 대해 좌절하고 있지만 우울증
은 아니다. 보호자인 환자 어머니는 환자가 기계에 의존하더라
도 좋으니, 하루라도 더 살아 있는 모습을 보게 해달라며 울면
서 호소했고, 면회 시간에 환자에게 완치될 수 있으니 절대 포
기하지 말라고 했다.

이 환자의 주치의로서 나는 인공호흡기를 [유지/제거]할 것이다.

무의미한 연명 의료가 확실한, 정신건강의학상 질환이 없
는 성인 환자가 분명하고 반복적으로 연명 의료 중단을 요청
하는 상황인 것까지는 〈사례1〉과 똑같지만, 이번에는 보호자
가 있다는 점과 기관내삽관 후 인공호흡기를 적용한 지 그리
오랜 시간이 지나지 않았다는 점, 현재 건강 상태에 대해 환자
가 들은 지 이틀밖에 되지 않았다는 점에서 차이가 있다.

〈사례1〉에서 나올 수 있는 입장은 '①환자의 자율성을 존
중하여 인공호흡기를 제거한다'와, '②환자에게 해악을 끼치
면 안 되므로 인공호흡기를 유지한다'밖에 없었다. 그렇다면

이번에는 어떤 입장이 더 있을까?

우선 '보호자'라는 변수가 추가됐으니 보호자의 입장을 어디까지 존중할 것인지 고민해야 한다. 물론 환자는 20세로 법적 성인이기에 보호자의 입장이 어떠한 법적 효력을 지니지 않는다는 점은 자명하다. 그렇지만 환자는 당장 작년까지만 해도 부모님의 그늘 아래 있었는데, 성인이 된 지 1년도 채 되지 않았지만 그래도 법적 성인이니까 보호자의 입장은 무시해도 괜찮은 걸까?

따라서 이 변수로 인해 '③환자가 자신의 결정에 책임질 수 있는 법적 성인이므로 보호자의 요청을 무시해도 된다'와, '④법적으로 성인이기는 하지만 사실 성인이 된 지 1년도 채 되지 않은 점을 고려한다면 보호자의 입장을 무시해서는 안 된다'라는 관점이 추가될 수 있다.

또, 환자는 기관내삽관 후 인공호흡기를 적용한 지 오랜 시간이 지나지 않았다. 기관내삽관은 환자에게 심한 불편함과 고통을 주는데, 환자가 혹시 이 때문에 불안정한 감정 상태로 내린 결정이지는 않을까? 만약 목의 심한 고통으로 인해 내린 결정이었다면, 이를 존중해 돌이킬 수 없는 결정인 '인공호흡기 제거'라는 결정을 내려도 될까? 즉 '⑤환자는 현재 심한 고통과 불편함으로 인한 불안정한 감정 상태 때문에 이런 입장을 취하는 것이므로 이를 그대로 존중해서는 안 된다'는 관점이 있을 수 있다. 그러나 이 관점에 대한 반박도 가능하다. 물론 얼마간의 시간이 지나 환자가 기관내삽관에 익숙해지면 앞으로 어느 시점에 고통이 경감될 수는 있겠으나, 미래에 고통이 경감될 가능성이 있으므로 현재의 고통을 무시할 수 있는 걸까? 환자의 미래도 삶의 일부이듯 현재도 마찬가지로 삶의 일부이기 때문이다.

그리고 근본적으로, 고통을 느끼는 와중에 내린 결정은 존중받지 않아도 괜찮은 것인가? 이렇게 내려진 감정적 결정도 분명 환자의 주체적인 결정이므로 존중해야 하지 않을까? 이런 관점에 따르면 '⑥미래의 불확실한 고통 경감만큼이나 현재의 고통도 중요하므로 환자의 요청을 존중해야 한다'와 '⑦ 환자가 고통과 불편함으로 인한 감정에 근거하여 감정적으로 내린 결정이라도 환자의 주체적인 결정이므로 그 요청을 존중해야 한다'는 생각도 가능하다.

마지막으로 추가된 지점인 현재 건강 상태에 대해 환자가 들은 지 이틀이 되었다는 점도 고려해보자. 이틀밖에 되지 않았으므로 아직 환자가 충분히 생각해서 내린 결정이 아닐 수 있다. 따라서 '⑧환자의 요청을 거부하고서, 환자가 충분히 생각해서 결정을 내릴 때까지 시간을 더 주어야 한다'는 관점도 존재할 수 있다.

그러나 이 관점에 대해 '충분히'의 기준이 모호하다는 반박도 가능하다. 며칠쯤 되어야 충분히 환자가 고민했다고 볼 수 있을까? 일주일? 한 달? 아니면 이렇게 물리적 시간이 아니라 환자의 이해도나 감정 상태에 따라 결정되는 것일까?

더 근본적으로는, 어떤 기준이 됐든 현재 환자의 요청을 존중하지 않는 것은 다시 말해 '환자의 현재 결정을 믿을 수 없다'라는 입장일 텐데, 그렇다면 환자는 자신이 죽고 싶다는 요청에 신뢰가 생길 수 있도록 해야만 하는 어떤 의무가 있다는 말인가? 의사의 관점을 풀어보면 "나는 너의 말을 믿을 수 없으니, 내가 충분하다고 판단할 때까지 시간을 갖고 지속적으로 나한테 죽고 싶다고 요청해 봐"가 될 것이고, 환자의 관점은 "나는 죽고 싶어요. 대체 얼마나 더 반복해서 말해야 내가 죽고 싶다는 걸 믿어주실 거예요?"가 될 것이다. 과연 이래도 되는 걸까? 사지가 마비되어 한순간에 모든 걸 잃어버린 환자에게, 무려 '죽고 싶다는 말에 신뢰가 갈 때까지 반복해서 말해야 할 의무'까지 지워도 되는 걸까?

[9]
삶과 죽음 사이(1)

따라서 '⑨충분한 시간이라는 기준이 모호하므로, 의사는 자의적이고 주관적인 기준을 적용할 게 아니라 현재 환자가 표출하는 의사를 믿어야만 한다'와 '⑩죽고 싶다는 말이 믿어질 때까지 더 많은 시간 동안 죽고 싶다는 의사를 표현하라고 하는 것은 환자에게 과한 의무를 부여하므로, 환자의 말을 신뢰하고 그 요청을 들어주어야 한다'는 관점도 있을 것이다.

변수가 추가되니 〈사례1〉에 비해 훨씬 많은 관점이 있음을 알 수 있다. 당신은 이 관점 중 어디에 동의하는가? 만약 당신이라면 인공호흡기를 제거할 것인가, 제거하지 않을 것인가?

생명이라는 가치는 물론 중요하다. 그러나 앞서 말했고 두 사례에서 느꼈겠지만, 상황에 따라 생명만큼이나 중요한, 혹은 생명보다 더 중요한 가치들도 있을 수 있다. 환자의 자율성, 보호자와의 관계, 환자가 느낄 고통처럼 말이다. 생명은 중요하지만 환자의 생명을 유지하기 위해 현재의 고통을 감내하라고 하는 것은 어쩌면 이것이야말로 해악일 수도 있다.

그럼 이제 생명만큼이나 중요할 수도 있을 또 다른 가치는 무엇이 있을지 〈사례3-1〉, 〈사례3-2〉, 〈사례3-3〉을 살펴보자.

45세의 여성 권투선수가 빌린 돈 5000만 원을 갚을 길이 없어 삶을 비관해 분신자살(몸에 불을 붙여 자살하는 행위)을 시도해 응급실로 이송됐다. 환자는 몸의 표면적 중 50% 정도에 화상을 입은 중증 화상 상태였으며 의식이 뚜렷했고 극심한 고통을 호소했다. 치료하려 하니 환자는 자신은 죽으려고 했으니 절대 자신을 치료하지 말라고 요구했다. 만약 치료하지 않는다면 화상으로 인한 고통이 지속될 것이며, 화상으로 인한 합병증으로 인해 얼마간의 시간이 지난 후 사망할 가능성이 매우 높다.

응급실 의사로서 나는 환자의 요청을 [수락/거절]할 것이다.

응급실에 실려 온 자살 시도 환자가 치료를 거부하는 상황이다. 여기까지는 상황이 그렇게 복잡하지는 않다. 만약 응급실 의사로서 환자의 요청을 수락한다면 환자는 극심한 고통을 느끼다 화상 후 합병증으로 사망할 것이 분명하기에 〈해악 금지의 원칙〉에 위배되고, 환자의 요청을 거부한 채 치료를 지속한다면 환자의 의지를 무시한 셈이므로 〈자율성 존중의 원칙〉

에 위배된다.

그러나 환자가 자살을 시도했다는 점을 함께 고려한다면 이제부터 문제가 어려워진다. 무려 인간이 느낄 수 있는 고통 중 가장 심한 고통으로 알려진 분신자살을 시도했으니, 환자가 현재 극심한 고통을 느끼고 있는 가운데 요청한 사항이므로 이 감정적 결정을 곧이곧대로 믿어도 될 것인가의 문제가 있다. 그러나 이에 대해서는 〈사례2〉에서처럼 감정적 결정일지라도 주체적인 결정이니 믿어야 한다는 관점도 충분히 일리가 있을 수 있다.

현재 환자가 느끼는 고통 외에도, 환자가 삶을 중단하겠다는 결정을 내렸고 행동으로 옮겼다는 점도 반드시 고려해야 할 지점이다. 삶을 중단하겠다는 결정은 결코 쉽게 내릴 수 없다. 수없는 고민과 무수한 노력을 했지만, 해결 방법이 보이지 않아 벼랑 끝에 선 기분으로 환자는 삶을 중단하겠노라 결정했을 것이다. 어쩌면 이 결정은 환자에게 있어 용기였을지도 모른다.

그런데 만약 의사로서 내가 이 결정과 용기를 무시한 채 환자를 다시 살린다면, 환자가 지나온 수없는 고민과 노력의 순간들 그리고 삶을 중단하겠다는 큰 결정과 행동으로 옮긴 용기를 모조리 꺾어버리는 셈이 될 수도 있지 않을까. 따라서 '①환자가 삶을 중단하려는 의지를 표현했으므로 이를 존중해주어야 한다'는 관점이 있을 수 있다.

또, 만약 환자를 살린다고 할지라도 이미 삶을 중단하겠노라 마음을 굳게 먹은 환자이므로 다시 자살을 시도할 가능성이 있다. 그렇다면 환자에게 이 고통을 두 번 안겨주는 셈이 될 테니, 그것이 오히려 환자에게 더 큰 해악을 끼치는 것이라는 관점도 일리가 있다. 따라서 '②환자는 또다시 자살을 시도할 것이며, 의사의 의료 행위로 인해 자살의 고통을 두 번 느껴야만 하게 되므로 이것이 더 큰 해악이다. 따라서 환자 요청을 존중해 치료하지 말아야 한다'는 관점도 있다.

반대로, 환자가 왜 굳이 분신자살을 선택했는가에 집중할 필요도 있다. 수많은 자살의 방법 중 분신을 선택한 것은, 어쩌면 세상과 소통하려는 의지의 표방이었을지도 모른다. "자살 시도 환자 중에 '죽고 싶은' 환자는 아무도 없고, 사실 그들은 '살 수 없는' 것"이라는 말을 들은 적 있다. 삶이 좋거나 싫어서 자살을 결심하는 것이 아니라, 어떠한 발버둥을 쳐도 도저히 살 수가 없는 벼랑 끝에 몰려, 자신이 가진 가장 강력한 소통 수단인 자살을 선택하게 되는 것이라는 말이다. 그러므로 '③환자의 요청을 존중하지 않고, 환자가 삶을 중단해야만 했던 이유를 물어보며 그가 세상과 소통하려 했던 것을 귀 기울여 들어봐야 한다'는 관점도 충분히 일리가 있다.

어느 이유가 됐든, 당신은 환자의 요청을 존중하지 않고 환자를 살리겠다는 관점을 가진 응급실 의사였다고 가정하고서 다음 사례를 보자.

사례 3-2

나는 환자 의사에 반해 치료하기로 결정했고, 이후 방문한 환자 아들의 동의를 구해 환자를 중환자실로 입원시켰다. 그 후 며칠 동안 화상 치료와 합병증 예방을 위해 수액과 진통제를 투입하며 매일 화상 부위를 세척했다.

마약성 진통제를 투여했음에도 환자는 화상 부위를 세척할 때마다 극심한 통증으로 괴로워했고, 이에 매일 "나는 이러한 끔찍한 통증을 더 느끼기 싫으며 제발 집으로 가서 죽을 수 있게 해달라"고 지속적으로 요청했다.

이 환자의 주치의로서 나는 환자의 요청을 [수락/거절]할 것이다.

〈사례3-2〉가 〈사례3-1〉과 갖는 유일한 차이는 시간의 흐름이다. 극심한 고통도, 환자의 의식 수준도 여전하지만 시간상 며칠이 지났고, 그럼에도 여전히 환자는 치료 중단을 요청하고 있다.

며칠이 지났으니 이제 환자의 결정이 감정적이 아니라 이성적일 수 있기에 앞서서 '환자의 요청을 들어주어서는 안 된다'라고 생각했던 관점이 바뀌었을지 모르겠다. 그렇지만, 여전히 아직 며칠밖에 안 됐고, 또 여전히 환자가 극심한 고통을 느끼고 있으므로 환자가 아직도 감정적인 결정을 내리고 있다고 볼 수도 있다.

따라서 이제는 '①며칠이 지났으니 이성적 결정이므로 존중해야 한다'는 관점, '②그래도 여전히 며칠밖에 안 됐고 아직도 고통을 느끼고 있으니 '감정적 결정'일 수도 있다는 점을 고려해 존중해서는 안 된다'는 관점, '③감정적 결정이므로 오히려 그 감정을 존중해야 한다'는 관점이 존재할 것이다.

이 중 ① 또는 ②의 관점에 따라 환자의 요청을 존중하지 않고 계속 치료했다고 가정해보자.

나는 환자 의사에 반해 치료를 지속했다.

자살 시도로 인한 입원 치료는 건강보험이 적용되지 않아, 환자 본인이 치료비를 100% 부담해야 한다. 현재 자살 시도 후 일주일 만에 중환자실 입원비가 1000만 원가량 청구됐다. 앞으로 환자가 퇴원이 가능할 정도로 회복하기 위해서는 수개월의 입원 치료와 피부이식수술이 더 필요하기에, 해당 시점에 최소 5000만 원에서 1억 원이 넘는 병원비가 청구될 예정이다. 환자는 자신이 자살을 시도한 이유가 빌린 돈 5000만 원 때문이었는데, 병원비가 그만큼 더 청구될 것이라는 사실을 듣고 좌절했다. 자신은 입원비를 낼 능력이 없고 아들이 그 부담을 지는 건 더더욱 싫으니 제발 치료를 중단해 집으로 가서 죽을 수 있게 해달라고 요청했다. 현재 치료를 중단하면 감염, 탈수 등의 화상에 의한 합병증으로 고통을 느끼다 사망할 것이 예견되며, 환자도 이를 잘 알고 있다.

이 환자의 주치의로서 나는 환자의 요청을 [수락/거절] 할 것이다.

〈사례 3−3〉으로 오면 이제 정말 어려워진다. 여기까지 오는 동안 계속 환자 의사에 반해 치료를 지속하겠다고 자신 있게 답한 독자들이 있다면 이번 사례에서 멈칫할 것이다. 5000만 원의 무게가 사람마다 다르다는 것을 잘 안다. 누군가에겐 연봉이 훌쩍 넘는 돈일 수 있고, 또 누군가에겐 꽤 큰돈이지만 없다고 해도 삶에 큰 지장이 없을 수도 있다. 그러나 확실한 건, 이 환자에게 5000만 원은 삶을 중단하겠다는 결심을 하게 만들 만큼의 큰 무게를 지녔다는 점이다. 그리고 하나 더 확실한 건 '내'가 치료를 지속하면 적어도 그만큼의 무게, 즉 삶을 중단하도록 만들 정도의 무게를 환자에게 하나 더 지운다는 사실이다.

그 정도의 무게를 환자에게 지우더라도, 그저 환자를 살려 놨으니 괜찮은 걸까? 그 이후의 환자 삶은 이제 오롯이 환자와 그의 가족이 짊어져야 할 텐데, 거기까지는 의사가 신경 쓰지 않아도 괜찮을까? 그저 생명은 그 무엇과도 바꿀 수 없는 절대적인 가치를 지니므로, 이후의 삶이 아무리 고통스럽고 수년, 혹은 수십 년을 빚을 갚으며 살아야 할지라도 어쨌든 살았으니, 살려놨으니 다 괜찮은 걸까?

이쯤에서 다시 의사의 본질로 돌아와 생각해보자. 의사는 사람을 살리는 사람인가? 만약 그게 전부라면, 앞뒤 재고 따질 것 없이 무조건 살리는 것이 항상 정답이다. 이후에 환자가 1억, 2억의 빚을 갚으며 평생을 살아야 하든, 환자의 아들까지 빚을 갚기 위한 몸부림을 함께 쳐야 하든, 그 환자의 경제적 삶의 질이 악화되든지 간에 그저 살려놓는 것이 정답일 테다. 더 많은 빚을 지게 되어 환자가 다시 자살을 시도하더라도 또 다시 살릴 테고, 삶이 더 망가져 간절하게 삶을 포기하고 싶어 하더라도 무조건 살리기만 할 테다. 과연 이것이 의사의 본질이 맞는 걸까?

사람마다 의사의 본질이 무엇인가에 관한 답은 전부 다를 수 있다. 그렇지만 환자가 인간다운 삶뿐 아니라 인간다운 죽음을 맞이할 수 있도록 도와주는 것도 의사의 본질이 아닐까? 의사라면 어떠한 수식어도 붙지 않은 '삶'이 아닌, '인간다운 삶'과 '인간다운 죽음'에 대해 고민해야 하지 않을까.

물론 그렇다고 해서 〈사례3-3〉에서 환자의 의사를 존중해 치료를 중단하는 것만이 정답이라고 말하고 싶은 건 아니다. 빚을 갚으며 하루하루 살아야 하는 삶은 누군가의 눈으로는 인간답지 않은 삶일 수 있겠으나, 누군가는 그 속에서 다른 삶의 이유를 찾으며 인간다운 삶을 영위할 수도 있지 않겠는가.
언제나 말하지만, 정답은 없다. 그저 선택할 수 있는 권한과
선택해야만 하는 의무, 그에 따른 책임만 있을 뿐.

"만약 당신이라면 어떻게 할 것인가?

그래서, 결국 환자를 살릴 것인가?"

"사람을 건강하게 하는 것보다 인간이 신에게
더 가까이 다가갈 수 있는 것은 없다."
_마르쿠스 툴리우스 키케로(고대 로마의 정치인)

Part 4

× 10 ×

삶과 죽음 사이(2):
의사가 꼭 살리는 사람이어야 할까?

치료를 거부하는 미성년 환자

> **사례 4**
>
> 13세 여성 권투 유망주가 첫 번째 경추(목뼈) 골절을 당해 의식이 저하됐고 보호자인 어머니와 함께 응급실에 왔다. 환자는 목 아래 신체가 전부 마비됐고 스스로 호흡이 불가능해 응급실 의료진은 환자 생존을 위해 기관내삽관과 인공호흡기 적용이 필요하다고 판단하여 보호자인 어머니의 동의를 얻고 기관내삽관과 인공호흡기를 적용했다.
>
> 이후 환자는 중환자실에 입원했고, 의식을 회복해 힘겹지만 의사를 표현할 수 있을 정도가 됐다. 환자는 척수 손상의 정도가 극심하지 않아, 추가 수술과 재활치료를 통해 손가락이나 팔을 움직일 정도의 일부 근육 기능을 회복할 가능성은 있지만, 완전히 회복하는 것은 불가능해 앞으로 권투는 할 수 없으며 평생 인공호흡기를 단 채로 살아야 한다. 나는 주치의로서 의식을 회복한 환자에게 이 사실을 알려주었고 환자는 이를 잘 이해했다.

그러나 얼마 후 본인의 모습을 거울을 통해 보자 환자는 자신이 괴물 같다며 괴로워했고, 함께 권투를 하던 친구들이 건강한 모습으로 꿈을 좇는 것을 보며 좌절했다.

며칠 뒤 환자는 나에게 인공호흡기를 제거해달라고 요청했다. 인공호흡기를 제거하면 환자는 자가 호흡이 불가능해 몇 분 내로 사망할 것이며, 환자도 이 사실을 잘 알고 있다. 이 사실을 보호자인 어머니에게 전달했지만, 보호자는 인공호흡기 제거는 절대 있을 수 없는 일이라며 치료를 지속해달라고 했다. 그러나 환자는 "이제 나는 권투는 물론이고 평생 혼자 걷지도 못하고 숨도 못 쉬는 괴물이라고!" 하며 인공호흡기를 제거해달라고 재차 분명하게 요청했다.

이 환자의 주치의로서 나는 환자의 요청을 [수락/거절]할 것이다.

〈9장〉에서 논의했던 환자가 성인이었다면 이번에는 미성년 환자에 관한 사례다. 자발 호흡의 가능성이 없어 인공호흡기를 제거하면 사망할 것이 분명하지만, 치료로 상반신의 일부 기능을 회복할 가능성이 있다. 의식이 뚜렷한 미성년 환자의 인공호흡기 제거 요청을 보호자의 반대를 무릅쓰고 수락할 것인가, 아니면 보호자의 뜻대로 인공호흡기를 제거하지 않을 것인가?

사실 이번 사례는 〈9장〉에서 살펴본 〈사례2〉와 아주 유사해 보인다. 〈사례2〉에서도 마찬가지로 환자의 무의미한 연명치료의 중단 요구를 수락할 것인가, 아니면 보호자의 뜻대로 중단하지 않을 것인가가 문제였다. 그러나 유일한 차이점은 환자의 나이다. 〈사례2〉의 환자가 20세 성인이었던 반면, 이번 사례의 환자는 13세 미성년자다. 이 차이는 어떤 방식으로 고려되어야 할까?

우선 가능한 입장들을 생각해보자. 지금까지 논의했던 것과 마찬가지로 우선 '①환자의 자율성을 존중하여 인공호흡기를 제거한다'와 '②환자에게 해악을 끼치면 안 되므로 인공호흡기를 유지한다'는 관점이 있을 것이다.

추가로 환자가 미성년자이고 보호자가 반대하고 있다는 점까지 감안해보자. 미성년자가 '미성년자'인 이유는 성숙한 선택을 하지도, 선택에 따른 책임을 지지도 못하기 때문이다. 그렇다면 '③미성년자는 성숙한 선택을 내리지 못하고 그에 따른 책임도 지지 못하므로, 미성년자의 요청을 존중하지 않고 성인인 보호자의 요청에 따라 인공호흡기를 유지한다'는 관점이 가능하다.

　물론 이에 대한 반박도 가능하다. 우선 미성년자와 성인을 나누는 기준은 그 취지가 모두에게 정확하게 적용되지 않는다. 누군가는 미성년자이지만 성숙한 선택도 내리고 그에 따른 책임도 질 수 있는 상태일 수 있다. 반면 누군가는 성인이지만 여전히 미성숙한 선택을 내리고 그에 따른 책임도 스스로 질 능력이 없을 수도 있지 않은가.

　그렇지만 13세, 즉 초등학교 6학년 학생이 성숙한 선택을 내리고 그에 따른 책임도 질 수 있는 유능한 상태일 것이라는 생각이 쉽게 들지는 않는다. 따라서 아무리 기준이 모호하더라도, 초등학교 6학년 학생 정도라면 확실한 미성년자이므로 성숙한 선택을 내리지 못하고 그에 따른 책임도 지지 못하는 상태라고 판단할 수 있다.

　이 또한 다시 반박 가능한데, 이번 상황의 특이점 때문이다. 사실 위 사례에서의 '성숙한 선택'이 무엇인지는 잘 모르겠으나, 선택에 따른 책임은 확실하다. 인공호흡기를 제거한다면 환자가 사망하고, 반대로 제거하지 않는다면 환자의 생명이 지속된다. 그럼 뭔가 이상하지 않은가. 어느 쪽이든 책임은 보호자가 아닌 환자가 지게 된다. 만약 보호자의 선택에 따라 인공호흡기를 유지한다면, 그 성숙한 선택에 대한 책임은 보호자가 아닌 환자가 육체적·정신적 고통을 안고 삶을 계속 유지하며 지게 된다는 말이다.

어떤 선택이 됐든 그에 따른 책임을 환자 본인이 져야만 하는 이 상황에서, 환자가 미성숙한 선택을 내릴 가능성이 있다는 이유만으로 환자의 요청을 존중하지 않은 채 보호자의 요청을 수락하는 것이 과연 옳을까? 따라서 이 생각에 따르면 '④아무리 환자가 미성년자라 할지라도, 어느 선택에 대해서든 그 결과에 대한 책임은 환자가 오롯이 져야만 하므로, 책임 주체인 환자의 요청에 따라 인공호흡기를 제거한다'는 관점도 생각해볼 수 있다.

또, 인공호흡기 제거 요청을 수락할지, 수락하지 않을지 양자택일의 문제가 아니라 제3의 방안, '⑤환자와 대화를 나누며 인공호흡기를 제거해달라는 요청의 이유에 대해 깊이 이야기를 나눠본다'가 가능할지도 모른다. 어떤 선택이든 그에 따른 책임을 오롯이 환자가 져야 하는 것은 자명하다. 그래도 환자가 짊어질 책임이 더 현명하고 성숙한 선택에서 나온다면 더 좋지 않겠는가.

현재 환자가 인공호흡기를 떼어달라고 요청하는 이유는 자신의 모습을 받아들일 수 없어서다. 이 이유 자체가 미성숙한 이유라거나, 철없이 죽음을 결심한 것이라고 말하고 싶은 건 절대 아니다. 성인이라 하더라도 사지가 마비되고 스스로 숨을 못 쉬어 기계가 대신 숨을 쉬게 하는 자신의 모습을 거울로 본다면 충분히 자신을 받아들이지 못할 수 있다.

따라서 철없고 미성숙하기에 다시 생각해볼 것을 권유하려고 환자와 토론하는 것이 아니다. 말 그대로 깊은 대화를 나누며 환자의 이야기에 귀를 기울이는 것이다. 환자가 정말로 스스로 숨을 쉴 수는 없지만 그런 모습으로 살고, 나이가 들어 성인이 되며, 중년을 지나 노인이 되는 상황을 깊게 생각해봤는지 대화를 할 수도 있지 않은가.

사실 이 환자는 삶을 포기하고 싶은 게 아니라 단지 스스로가 자신의 모습을 받아들일 수 없고, 이런 모습을 한 자기 자신을 사랑하는 건 상상조차 할 수 없는 상황이라, 누군가가 이런 자신의 모습을 아껴주고 사랑해주길 바라고 있는 것일지도 모르니 말이다.

그렇지만 깊은 대화를 나누더라도 여전히 환자가 삶을 포기하고 싶은 마음이 굳건할 수도 있다. 환자에게 진정으로 필요한 것이 누군가의 사랑이 아니라, 정말 삶이 중단되는 것일

수도 있지 않은가. 만약 그런 경우라면 환자의 요청대로 인공
호흡기를 제거해 환자가 진정 원하는 바람을 이뤄주는 것이
어쩌면 옳을 수도 있다.

설사 이런 결론에 이른다고 할지라도, 여전히 환자와 깊이
대화하는 것은 큰 의미가 있을 수 있다. '나도 내가 뭘 원하는
지 몰랐는데 너와 얘기를 나누다 보니 알게 됐어!' 하는 경험
을 한 번쯤 해본 적 있을 것이다. 이렇게 대화를 통해 정말 원
하는 게 무엇인지 확실히 알아내는 과정은 그 자체로 충분히
의미가 있다.

이외에 다른 관점도 있을 수 있다. 변수가 점점 많아질수록
다양한 관점들이 충돌할 수 있으니 말이다. 그럼 이번 사례와
유사하지만, 사뭇 다른 다음 사례로 넘어가자.

사례 5

13세 여성 권투 유망주가 첫 번째 경추(목뼈) 골절을 당해 의식
이 저하됐고 보호자인 어머니와 함께 응급실에 왔다. 환자는
목 아래 신체가 전부 마비됐고 스스로 호흡이 불가능해 응급실
의료진은 환자 생존을 위해 기관내삽관과 인공호흡기 적용이

필요하다고 판단하여 보호자인 어머니의 동의를 얻고 기관내 삽관과 인공호흡기를 적용했다.

이후 환자는 중환자실에 입원했고, 의식을 회복해 힘겹지만 의사를 표현할 수 있을 정도가 됐다. 환자는 척수 손상의 정도가 극심하지 않아, 추가 수술과 재활치료를 통해 손가락이나 팔을 움직일 정도의 일부 근육 기능을 회복할 가능성은 있고, 5%의 확률로 하반신 기능도 일부 회복해 보행이 가능할 수도 있다. 그러나 완전히 전신 근육의 기능을 회복하는 것은 불가능해 앞으로 권투는 할 수 없으며, 평생 인공호흡기를 단 채로 살아야 한다. 나는 주치의로서 의식을 회복한 환자에게 이 사실을 알려주었고 환자는 이를 잘 이해했다.

그러나 얼마 후 본인의 모습을 거울을 통해 보자 환자는 자신이 괴물 같다며 괴로워했고, 함께 권투를 하던 친구들은 여전히 건강한 모습으로 꿈을 좇는 것을 보며 좌절했다. 며칠 뒤 환자는 나에게 인공호흡기를 제거해달라고 요청했다. 인공호흡기를 제거하면 환자는 자가 호흡이 불가능해 몇 분 내로 사망할 것이며, 환자도 이 사실을 잘 알고 있다. 이 사실을 보호자인 어머니에게 전달하자, 어머니는 아이의 상황을 깊게 이해한다며 인공호흡기의 제거에 동의했다.

> 그래도 나는 한 번 더 환자를 설득하기 위해 대화를 시도했지
> 만, 환자는 완강하게 인공호흡기를 제거해달라고 분명하게 요
> 청했다.
>
> 이 환자의 주치의로서 나는 환자의 요청을 [수락/거절]할 것이다.

〈사례4〉와 달리 〈사례5〉에서는 우선 첫째, 보호자도 환자의 입장에 동의하며 인공호흡기 제거를 요구하고, 둘째, 환자가 5%의 확률로 하반신 기능 회복이 가능해 보행까지 가능할 수도 있다. 이런 상황에서 이제 당신이 주치의라면 어떤 선택을 내릴 것인가?

사실 간단하게 생각해 답을 내릴 수는 있다. 미성년자인 환자와 성인인 보호자의 입장이 일치하므로, 그냥 그 입장에 따라 환자의 인공호흡기를 제거하면 깔끔하지 않겠느냐는 답이다. '①환자와 보호자의 요구가 일치하므로 그에 따라 인공호흡기를 제거한다'는 관점을 가질 수 있다.

그러나 이번에는 사지가 완전히 모든 기능을 상실해 어떠한 치료 가능성도 없는 것이 아니라, 치료를 통해 무려 보행까지 가능할 수도 있는 상황이다. 물론 〈사례4〉에서도 치료를 통

해 손의 기능을 일부 회복할 수는 있었지만, 그 수준이 너무나 미약해서 환자의 삶의 지속 여부를 결정하는 데에 크게 영향을 미치지 못했을지라도, 이번에는 무려 보행이 가능할 수도 있는 상황이다. 5%밖에 되지 않는 확률이기는 하지만 명백히 선행을 할 수 있음에도 환자와 보호자의 요청을 따르는 건, 〈해악 금지의 원칙〉을 넘어 〈선행의 원칙〉까지 위배하는 것이라 볼 수도 있다. 따라서 '②명백한 선행을 하지 않고 환자와 보호자의 요구를 따라 인공호흡기를 제거하는 것은 〈해악 금지의 원칙〉뿐 아니라 〈선행의 원칙〉까지 위배하는 것이므로 인공호흡기를 제거해달라는 요청을 수락하지 않는다'는 관점도 가능하다.

다만, 확률이 5%다. 치료 결과 5%의 확률로 보행 기능을 회복할 때의 이익과 비교했을 때, 95%의 확률로 기능의 회복에 실패하고 환자와 보호자에게 고통의 시간만 더한 상황이 됐을 때의 해악이 더 크다고 충분히 판단할 수 있다. 따라서 '③고작 5%의 가능성으로 기대되는 보행 기능의 회복은, 치료가 실패했을 경우 환자에게 가해지는 해악과 비교했을 때 작은 가치를 지니기에 환자 요청에 따라 인공호흡기를 제거해야 한다'는 관점도 있을 수 있다.

그러나 이런 관점으로 접근한다면, 대체 확률이 몇 %가 되어야 환자와 보호자의 요구에 반해 치료할 것인지 그리고 치료 결과 얼마만큼의 기능이 회복되어야 그 치료가 정당한지에 대한 기준을 세우기가 몹시 어렵다. 5%가 아니라 10%, 혹은 20% 쯤 되면 환자의 요구에 반해 치료할 만한가? 30%? 50%? 혹은 기능이 회복되는 정도가 보행이 회복되는 게 아니라 앉았다 일어나기 정도만 가능한 수준이라면? 이 정도로는 부족한가? 그럼 달리기 정도는 가능해야 하는가? 아니면, 더 나아가 만약 자발 호흡까지도 가능한 완치의 수준까지 회복할 가능성이 있다면 그제야 환자의 요구에 반해 치료할 만한가?

역시나 어려운 주제다. 환자와 보호자의 입장이 똑같다는 것은 의사로서 변수가 줄어든 셈이므로 간단해 보인다. 동시에 환자의 척수 손상 정도가 극심하지는 않아 보행 기능이 회복되는 것까지도 기대해볼 수 있다는 점도 참 좋은 소식이다. 하지만 이 두 가지 변수가 서로 반대 방향으로 충돌하기에 더 어렵게 느껴진다.

이런 상황에서 그래도 환자의 주치의로서, 삶의 이유를 찾지 못하는 환자와 보호자 곁에서 삶의 이유를 찾는 과정을 함께하며 적절한 방향으로 그들을 유도하는 것이 가장 이상적일 테다. 그러나 지금까지의 사례들을 보며, 사실 나는 어떤 말로 환자에게 삶의 이유를 더 찾아 나서라고 제안할 수 있을지 정말 고민이 많이 됐다.

권투 선수이지만 일순간에 갑자기 사지가 마비됐고 스스로 호흡도 불가능해 인공호흡기에 의존하며 남은 수십 년의 세월을 살아야 하는 환자에게 도대체 어떤 말로 삶의 불씨를 다시 지필 수 있을까? 삶의 전부를 권투로 채워왔을 환자가 일순간에 혼자 힘으로 숨도 못 쉬는 상황이 됐을 때의 상실감은 말로 표현할 수조차 없을 것이다. 또한 삶에서 소중했던 사람들을 대할 때마다 권투 생각이 나 괴로움이 가중될 텐데, 그런 환자에게 새로운 삶의 이유를 찾아 나서라고 섣불리 말하는 것은 어쩌면 더 힘든 짐을 짊어지라고 하는 게 아닐까.

참 어렵지만 그래도 사람을 살리는 의사, 의학도라면 이런 상태의 환자와 보호자를 언젠가 마주하게 되리라 생각한다. 이제 답해보라. 이런 상황에서 만약 당신이라면 어떤 말로 환자가 삶을 지속할 불씨를 지피겠는가?

의사를 표현하지 못하는 환자

영국에서 태어난 찰리는 태어난 지 8주차에 미토콘드리아결핍증후군(MDS)이라는 희귀병 진단을 받고 중환자실에 입원했다. 아기를 치료해오던 의료진은 이제 아기에게 치유를 위한 치료는 불가능하기에 앞으로 치료는 무의미하다고 판단했고, 따라서 무의미한 연명 의료를 중단하기로 결정했다. 그러자 찰리의 부모는 절대 그럴 수 없다며 반대했고 법원의 재판 절차를 거치게 됐다. 찰리의 부모는 SNS와 언론에 사연을 올리며 도움을 청했고, 이에 전 세계에서 관심을 가지고 찰리의 부모를 응원했다. 미국에서 실험적 유전자 치료를 연구하는 의사가 찰리를 치료해보겠다고 하자, 영국에서 대대적 모금 운동이 일어나 무려 19억 원에 달하는 성금이 모였다.

그러나 영국 법원은 의료진의 손을 들어주었다. 무의미한 연명 의료를 중단하라는 것이었다. 유럽인권재판소도 마찬가지 판결을 내렸다.

찰리의 부모가 원했고, 미국 병원에서 치료를 시도하겠다는 의사도 있었으며 충분한 성금도 모였지만, 영국 법원은 찰리가 미국에 가는 것을 허락하지 않았고, 이에 영국 법원을 향한 세계적 비난과 함께 시위가 일어났다. 각종 유명인과 교황, 심지어 미국 대통령까지 찰리에게 기회를 줄 것을 요청했으나 1심 판결 이후, 2심, 그리고 최고법원의 판결까지 영국 법원은 의료진의 판단에 손을 들어주었다. 그리하여 결국 생후 11개월에 불과한 아기인 찰리의 생명 연장 장치가 꺼졌다.

이번에는 2017년 영국에서 있었던 찰리 가드Charlie Gard의 실제 사례를 들고 왔다. 생후 11개월에 불과한 찰리의 무의미한 연명 의료를 지속할 것인가, 중단할 것인가는 연명 의료법에 관한 논의 과정을 뜨겁게 달군 주제였다. 그리고 여전히 많은 사람들이 찰리 사례에 대한 영국 법원의 판결에 심적으로 동의하지 못한다. 당장 나부터도 이 사례를 처음 접하고서 상당히 이해하기 어려웠다.

사실 한국이었다면 이런 판결이 내려졌을지 의문이다. 아니, 판결로 가기도 전에 한국의 의료진이 먼저 나서서 아이의 연명 치료를 중단하기로 결정하는 상황은 머릿속에 잘 그려지지 않는다. 무려 아기의 부모가 치료를 지속하길 원하고, 치료를 지속할 돈도, 치료를 맡을 의료진도 있는데도 말이다. 만일 이런 상황에 놓인 의사라면, '①의사를 표현하지 못하는 환자이므로 보호자의 요구에 따라 행동한다'는, 사뭇 방어적일 수도 있는 관점을 택할 수 있을 것이다.

그러나 이 관점이 정답이 되기는 어려워 보인다. 앞선 「두 효자 이야기」에서 말했듯, 환자에게 있어 최선의 이익이 언제나 생명을 최대한 유지하는 것이 아닐 수 있기 때문이다. 사회적 통념이 바라보는 최선이나, 보호자가 생각하는 최선은 환자의 최선과 다를 수 있다. 의사를 표현하지 못하는 환자의 치료 방향에 관한 결정 권한을 보호자에게 전적으로 위임한다면, 그건 어쩌면 '환자의 최선'이 아닌 '보호자의 최선'에 따라 결정하겠다는 의지의 표현이 될 수도 있다.

의학적 판단을 내리는 상황에서의 불문율 같은 원칙은 사실 언제나 하나다. 바로 '환자에게 있어 최선의 이익'이다. 그렇지만 문제는 찰리처럼 아예 의사를 표현하지 못하는 아기의 경우, 환자의 최선의 이익을 과연 누가 대변할 수 있느냐는 것이다. 부모? 주치의? 사회적 통념?

영국 법원에서는 이 질문의 답으로 의료진의 손을 들어주었다. 실제로 영국에서는 아동의 최선의 이익을 결정하는 데에 있어 국가가 직접 개입한다. 즉 부모의 말이 무조건 아동의 최선의 이익을 반영한다고 가정하지 않고, 오히려 이번 사례에서는 의료진이 아동의 최선의 이익을 반영했다고 판단한 것이다.

실제로 조금만 더 구체적으로 이야기하면, 의료진이 찰리의 무의미한 연명 의료를 중단할 것을 결정했을 때 찰리는 뇌, 전신의 근육, 심장, 신장 등의 장기에 심각한 손상을 입은 상태였고, 당연히 호흡 능력도 아주 저하된 상황이었다. 즉 스스로 팔과 다리를 움직이지 못하는 상태였고, 자발 호흡도 불가능했으며, 각종 장기의 손상으로 인해 고통만 느끼고 있는 상태였다. 또, 유전자 치료를 시도하겠다고 한 미국 의사조차도 찰리의 상황을 직접 확인하고서, 찰리가 유전자 치료를 받기에 적합한 상태가 아니라고 판단했다.

동원 가능한 모든 현대 의학의 눈으로 보았을 때 찰리는 절대적으로 회생이 불가했고, 앞으로 치료를 이어나가는 것은 명백히 환자에게 고통만 주는 무의미한 연명 의료였다. 따라서 영국 법원은 아기의 생명을 계속 유지하고 싶다는 부모보다, 고통

만을 지속하게 만드는 무의미한 연명 의료를 중단하자는 의료
진의 손을 들어준 것이다. 즉 '②의사를 표현할 수 없는 아기에
게 고통만 주는 무의미한 연명 의료의 중단을 위해 의료진과 법
원이 끝까지 싸워준 것이다'라는 관점으로 이 상황을 바라볼
수도 있다.

그러나 이 판결을 다시금 비판해볼 여지도 있다. 법원은
'고통의 지속'이 해악으로서 지니는 가치와 '삶의 연장'이 선
행으로서 지니는 가치 중 '고통의 지속'이 해악으로서 지니는
가치를 더 생각한 의료진의 손을 들어주었다. '삶이 연장되더
라도 회생 불가한 고통이 지속되는 것은 아기에게 있어 최선
의 이익이 아니다'라고 판단한 것이다.

그렇지만 앞서 환자에게 있어 최선의 이익은 사회적 통념
이 바라보는 최선의 이익과는 다를 수 있다고 하지 않았는가.
사회적 통념상으로는 '회생 불가한 고통이 지속될 바에야 차
라리 죽는 게 더 낫겠어' 하는 입장이 자연스러울지 모르겠으
나(실은 이게 사회적 통념인지도 모르겠다) 과연 찰리도 똑같은 생각이
었을까? 왜, '개똥밭에서 굴러도 이승이 낫다'는 말도 있지 않
은가. 아무리 고통이 지속되고 장기가 다 망가지는 '개똥밭'
이라 할지라도 죽는 것보단 이승이 낫다는 말이다. 만약 찰리

가 이런 생각을 했다면, 환자에게 최선의 이익은 고통이 아무리 연장되더라도 생명을 최대한 지속하는 것이 아니었을까?

따라서 이 지점에서 고민을 더 이어갈 주제는, '의사를 표현하지 못하는 아기의 최선의 이익이라는 것은 대체 무엇이며 이를 어떻게 판단해야 하는가?'이다. 환자마다 최선의 이익이리는 것은 전부 다를 수 있으며, 이를 쉽게 지레짐작해서는 안 된다. 무려 삶을 지속할지 말지에 관한 결정이라면 그 판단은 훨씬 더 신중히 다뤄져야 한다.

보통 환자의 최선의 이익을 판단할 때는, 환자가 평소에 가진 가치관이나 철학 등을 고려한다. 이를테면 '심정지가 왔을 때 심폐소생술을 하면서까지 다시 삶을 지속하고 싶지는 않다'라는 가치관을 가진 환자가 있다고 생각해보자. 아무리 사회 통념상 심폐소생술을 통해 생명을 회복하는 게 이익일지라도 그 환자에게는 심폐소생술 없이 맞는 자연스러운 삶의 중단이 최선의 이익이라 판단하는 것이다. 왜, 이런 상황에서 환자의 가치관을 무시한 채 심폐소생술로 환자를 살렸다가 오히려 '나를 왜 살렸느냐!' 하며 소송을 당한 사례도 있지 않은가.

그렇지만 찰리는 생후 8주 된 아기이다. 가치관이나 철학은 삶의 경험이 축적되고 그 속에서 이성적, 감정적 판단들로 만들어지는 결과물인데, 생후 8주밖에 안 된 아기에게 가치관 내지는 철학이라는 게 존재할까? 이런 아기에게 삶의 가치관이나 철학, 그러니까 '고통이 지속될 바에야 죽는 게 더 낫겠어'라거나 '고통이 지속되더라도 이승이 낫지'라는 생각이 자리 잡고 있을 리 만무하다. 따라서 찰리는 아직 삶의 가치관이나 철학이 없다고 판단하는 게 합당해 보이는데, 그렇다면 찰리에게 최선의 이익이라는 건 애초에 존재하지조차 않는 것일까?

애초에 찰리에게 최선의 이익이라는 건 없다고 못 박아버린다면 어떠한 결정도 할 수 없게 되니, 굳이 하나를 꼽자면 모든 생물체가 본능적으로 갖는 욕구인 '생존의 욕구' 정도를 생각해볼 수 있다. 자, 그렇다면 '③찰리는 삶의 가치관이나 철학이 형성되지 않았으며 유일하게 생존의 욕구만 가진 환자이므로, 아무리 찰리가 고통을 느낄지라도 어떻게든 생명을 연장하는 것이 바로 찰리에게 최선의 이익이다. 따라서 찰리의 연명 의료를 지속해야 한다'라고 생각해볼 수도 있지 않을까?

그러나 이 관점에는 사뭇 이상한 점이 있다. 실제로 병원에서는 무의미한 연명 의료로 아기가 극심한 고통만을 계속 느끼는 상황에서, 아기를 위해 연명 의료를 중단하겠다는 힘든 결정을 내리는 부모와 의료진이 있다. 그런데 이 관점에 따르면 이런 부모와 의료진은 아기에게 최선의 이익인 '생존의 욕구'에 반하는 행동을 한 악인이 되어버리지 않겠는가. 부모는 당연히 아기를 최대한 오래 보고 싶어 할 텐데, 고통만이 지속되는 무의미한 연명 의료를 아기를 위해 중단하겠다고 피눈물을 흘리며 결정한 것이 '악행'이라니, 뭔가 이상하다.

반대로, "아기야, 고통이 지속되는 생명을 유지하기보다는 죽는 편이 너한테 더 나아" 하는 입장이 좋아 보이지만은 않는다. 아기 스스로는 고통이 지속되더라도 어떻게든 계속 살고 싶어 할 수도 있으니 말이다.

이처럼 의사를 표현하는 능력이 없는 아기의 '최선의 이익'에 대해서는, 어떤 짐작을 하든 전부 비판받을 수 있다. 유일한 답은 사실 "의사를 표현할 능력이 없는 아기에게 최선의 이익이 무엇일지는 아무도 모른다"일 수도 있다. 아니, 사실 '모른다'는 말조차 적절치 않으며, 아기에게 최선의 이익이라는 건 어쩌면 존재하지 않는다고 보는 편이 더 적절할지도 모르겠다.

그러나 의사는 언제나 판단해야 하는 주체이지 않은가. 의사는 판단할 수 있는 권한을 갖고 있지만 그와 동시에 판단해야만 하는 의무도 진다. 아기에게 최선의 이익이 무엇일지 아무도 모를 수도, 애초에 존재하지조차 않을 수도 있겠지만 그럼에도 의사는 환자의 최선의 이익이 될 만한 결정을 내려야만 한다. 부모 혹은 보호자의 입장을 따르겠다는 결정이 될 수도, 사회적 통념에 따르겠다는 결정이 될 수도, 혹은 의료진의 철학을 따라 찰리처럼 고통만 지속되는 회생 불가한 상황에서의 무의미한 연명 의료는 중단해야 한다는 결정이 될 수도 있다.

과연 나라면 어떤 결정을 내릴까? 당신이라면 어떻게 하겠는가? 그래서, 결국 살릴 것인가? 마지막 일곱 번째 사례까지 읽어보며 계속 고민해보자.

차라리 죽는 것이 나을까?

> ### 사례 7
>
> 세계적인 권투 선수였지만 은퇴하고 코치로 일하던 45세 여성이 교통사고를 당했다. 충격으로 인한 심한 외상성 뇌 손상과,

운전대에 가슴이 압박되어 저산소성 뇌 손상이 의심됐고, 뇌간 반사(뇌간이라는 뇌의 일부분이 제대로 작동하는지를 나타내는 반사) 및 뇌신경 반사는 유지되어 있었다. 환자의 상태는 초기 '식물 상태'였고 현재는 '최소 의식 상태'이다.

최소 의식 상태란 일반적으로 식물 상태에서 호전되는 과도기적 단계를 의미하며, 눈으로 물체를 쫓거나, 질문에 답하는 등의 제한된 행동을 할 수 있는 상태를 의미한다. 최소 의식 상태 환자는 계속해서 호전되는 경향을 보이나, 호전되는 정도는 제한되어 있고 일부 환자는 간혹 몇 년이 지난 후에 의사소통 및 이해 능력을 회복하기도 한다. 그러나 독립적인 생활 및 기능을 할 수 있을 정도로 회복하는 환자는 드물다. 환자 가족은 최소 의식 상태에 대해 충분한 설명을 들었으며 잘 이해하고 있다.

그런데 중환자실에서 치료를 받던 중 환자에게 심부정맥 혈전증(DVT: 주로 다리의 심부정맥이 혈전으로 막히면서 문제가 생기는 질환으로, 하지 혈관에 생겼던 혈전이 떨어져 나와 혈관을 타고 올라온 후 폐혈관을 막는 폐색전증을 유발할 수 있다)이 생긴 것을 발견하여 하대정맥 필터(IVC 필터: 혈전이 혈액을 타고 올라와 폐로 들어가는 것을 막아주는 필터)를 삽입하려 했으나 환자의 가족이 거부했다. 환자의 가족은 이 시술을 하지 않는다면 환자가 사망할 수 있음을 잘 이해하고 있으나, "심한 장애를 가지고 산다면 그

건 사느니만 못하다. 환자도 평소 이런 입장을 여러 번 이야기 했다" 하며 강하게 시술을 반대했고, 고통 완화를 위해 진통제를 투여하는 것 이외에 치료를 위한 어떠한 의료 행위도 하지 말 것을 요구했다.

이 환자의 주치의로서 나는 가족의 요구를 [수락/거절]할 것이다.

마지막 사례는 의사를 표현할 능력이 없는 성인 환자에 대한 상황이다. 치료를 중단하면 환자가 혈전 등의 합병증으로 사망할 것이라는 점은 앞선 상황들에서 인공호흡기를 제거하면 환자가 사망한다는 점과 유사하다. 하지만 이번에는 치료를 통해 환자가 기능을 어느 정도 회복할 수 있을 것이 예상된다는 점에서 앞선 사례들과 차이가 있다.

문제는 환자가 기능을 어느 정도만 회복할 것이 예상될 뿐, 완전히 회복하는 것은 기대하기 어렵다는 점이다. 이 환자는 특히 저산소성 뇌 손상(뇌에 충분한 산소와 혈류가 공급되지 못해 손상을 받은 상태)까지 의심되기에 거의 확실하게 후유 장애(어떤 병을 앓고 난 뒤에도 남아 있는 신체적 장애)를 갖고 살아갈 것이다. 환자 가족들은 바로 이 지점, '심한 장애를 갖고 살아가야 한다'는 사실을 근거로 환자의 생명 유지를 위한 적극적인 치료를 거부하고 있다.

위 사례에서 가족이 내린 판단의 근거처럼, 심한 장애를 갖고 살 바에는 차라리 죽는 것이 나을까? 이에 대해 말하기 위해서는 먼저 '심한 장애'에 대한 정의부터 내려야 할 것이다. 심한 장애란 무엇일까?

놀랍게도 이에 대한 의학적인 정의가 따로 있기는 하다. 의학적으로는 과거 1, 2, 3급 장애에 해당하는 장애를 심한 장애라고 정의한다. 그렇지만 의학적 정의는 어디까지나 그저 의학적인 정의일 뿐이고, 개인별로 심한 장애의 정의는 얼마든지 다를 수 있을 것이다. 이를테면 누군가는 혼자 걷지 못하는 상태를, 누군가는 손가락이 마비된 상태를, 또 누군가는 홀로 화장실에서 용변을 보고 뒤처리를 하지 못하는 상태라고 정의할 수도 있다. 세계적인 권투 선수였던 이번 환자에게는 주먹을 쥐지 못하는 상태 정도만 하더라도 심한 장애일 수 있다.

혹자는 신체적 장애는 기계의 힘을 빌려 일반인처럼 생활하거나 또는 미래에 공학이 발전되면 더더욱 일반인처럼 생활하는 것이 가능해질 수 있으니, 신체적 장애가 아닌 정신적 장애야말로 심한 장애라고 정의할 수도 있다. 하지만 정신적 장애로 인해 이를테면 인지능력에 손상을 입었다면, 내가 인지능력에 손상을 입었다는 사실 자체를 모를 것이기에 정신적 장애는 심한 장애가 아니라고 생각할 수도 있다.

이처럼 사람마다 심한 장애에 대한 정의는 다를 수 있다. 그렇다면 심한 장애를 갖고 살 바에는 차라리 죽는 것이 나을까?

사실 이 질문에 대한 답은 개인의 자유다. 자신의 장애 정도가 죽는 것보다 더 심한 장애라고 판단한다면 차라리 죽는 게 낫겠다고 판단할 수도 있지 않겠는가. 오히려 이렇게 판단한 사람에게 다가가 "내가 보기엔 너의 장애는 심하지 않은데? 음, 그 정도 장애라면 살만할 것 같아!" 하고 말하는 언행이야말로 장애를 안고 살아가야 하는 환자에게 심한 상처가 될 것이다. 타인의 눈으로 보았을 때 아무리 심하지 않아 보이는 장애일지라도, 자신이 느끼기에 죽는 것보다 더 심한 장애라면 그 감정은 충분히 존중받아야 한다. 삶에서 중요하게 여기는 가치는 사람마다 다른 법이니까 말이다.

따라서 이 사례에 대한 답으로 '①완전히 기능이 회복되지 않을 것이 분명하고, 심한 장애를 안고 살 바에야 차라리 죽는 것이 낫다는 것이 환자의 평소 입장이었으며, 세계적인 권투 선수였던 환자의 과거 경력상 그녀에게 보행 장애 정도도 충분히 심한 장애일 수 있으므로, 환자의 선택을 존중하여 적극적인 치료 행위를 하지 않는다'는 관점이 있을 수 있다.

물론 의사로서, 즉 환자의 자율성을 존중해야 하는 원칙과 동시에 환자에게 선행을 행하라는 원칙을 지켜야 하는 사람으로서, 무조건 환자의 자율성을 존중하는 것만이 정답은 아닐 것이다. 심한 장애를 갖고 살 바에는 차라리 죽는 것이 낫다고 생각하는 환자 곁에서 그에게 새로운 삶의 이유를 찾아주는 것 또한 의사가 해야 할 일이다.

그를 아끼고 사랑하는 사람들과 함께할 시간을 준다거나, 비슷한 상황인 다른 환자 중 새로운 삶의 이유를 찾아 그 속에서 행복을 느끼는 이를 소개해주는 것도 방법이 될 수 있다. 또, 환자가 지금껏 하지 못했던 다른 경험을 제공함으로써, 그가 아직 생각하지도 못했던 곳에서 새로운 삶의 이유를 찾을 수 있도록 돕는 것도 방법이 될 수 있다.

의학적으로는 동일한 장애라 할지라도, 그 삶을 무엇으로 채워 넣을지는 마음가짐이 결정하는 것 아닐까. 아래는 2022년 2월, 31세의 젊은 나이로 세상을 떠난 싱어송라이터 나이트버드Nightbirde가 30세일 때, 유방암 투병 중 미국의 한 오디션 프로그램에 출연해 남긴 말이다.

행복은 상황에서 오지 않습니다. 그저 지금 이 순간, 당신이 행
복하기로 결심하면 됩니다(You can't wait until life isn't hard
anymore, before you decide to be happy).

… 제 생존 확률은 2%입니다. 그런데 0%가 아닙니다. 2%가 얼
마나 놀라운 것인지 사람들이 알았으면 좋겠습니다(I have a 2%
chance of survival, but 2% is not 0%. 2% is something and I wish
people knew how amazing it is).

나이트버드는 2%밖에 되지 않는 생존 확률 속에서 하루하
루를 죽어가는 삶으로 채우기보다는, 그럼에도 살아 있는 순
간들로 채웠다.

물병에 물이 절반 남았을 때 누군가는 절반밖에 안 남았다
며 낙담하지만, 누군가는 절반이나 남았다며 그 속에서 행복
을 찾는다. 똑같은 상황에서 절망하며 낙담하는 것도, 희망을
찾아 행복한 감정을 느끼는 것도 모두 개인의 자유이며 그 감
정이 존중받아야 하는 것은 확실하다. 하지만, 그래도 삶과 죽

음 사이에서 환자 곁을 지키는 의사라면, 2%밖에 생존 확률이 없다며 낙담하는 환자에게 그 속에서의 행복을 찾아 안겨주어야 하지 않을까.

따라서 '②세계적인 권투 선수로 세상을 평정할 때의 신체 상태로 절대 돌아갈 수는 없겠지만, 그래도 적극적으로 치료해서 일정 수준까지 기능을 회복하는 게 가능하다면, 의사는 환자가 예전과는 다른 신체로 살아갈 새로운 삶의 시작을 응원하고 그 삶에 적응할 수 있도록 도와야 한다. 또한, 그 속에서 희망과 행복을 찾을 수 있도록 시간을 벌어주고, 비록 가족이 반대할지라도 적극적으로 환자를 치료해야 한다'는 관점도 충분히 일리가 있다.

지금까지 함께 살펴본 일곱 가지 사례 모두 그 어느 하나 쉽게 답할 수 없다. 의사는 언제나 선한 의도로 환자에게 최선의 이익이 될 만한 선택을 내리기 위해 애쓴다. 하지만 선한 의도만으로 선행이 되지는 않으며 완전히 환자의 자율성만을 따르는 것도, 보호자의 요청을 따르는 것도, 사회적 통념을 따르는 것도 전부 정답은 아니다.

아무리 부정하려 애써도 흰 가운을 걸치는 순간, 이 모든 판단의 권한과 판단의 의무를 동시에 지게 된다. 삶과 죽음 사이에서 환자 곁을 지키는 것이 의사의 운명이라면, 과연 어떤 것을 기준으로 삼아 어떻게 판단하는 것이 옳을까?

삶과 죽음 사이에서

우리 모두는 살아 있지만 동시에 죽어가고 있다. 선과 악이 객관적으로 실존하는 두 개의 상자가 아니라 다양한 스펙트럼이었던 것처럼, 삶과 죽음도 일련의 스펙트럼을 이룬다. 그러나 절대적인 개념이 존재하지 않던 선악과 달리, 절대적인 죽음이라는 상태는 분명히 존재한다. 의사는 전지전능한 신이 아니기에 환자를 영원히 살게 할 수 없다.

아무리 부정하려 애쓰고 아무리 도망치려 노력하더라도 결국 언젠가 우리 모두는 죽음을 마주한다. 이 절대적인 진실 속에서 의사의 역할은 무엇인가? 끝없이 죽음으로부터 도망칠 수 있게 하는 것일까? 결국에는 따라잡힐 것이 자명한 죽음의 술래잡기를 끝없이 이어가며 최대한 오랫동안 안 잡히게만 해주는 게 전부일까?

삶과 죽음 사이에서 의사로서, 의학도로서 나의 역할은 무엇일지 고민을 이어가다 보면 어느새 감정이 밑바닥에 가닿는다. 생의 끝자락에 선 주체가 나인지 환자인지 어지럽고 난해하며, 삶의 마지막을 상상하게 되는 날이면 나는 언제나 새벽을 걷는다. 아무도 없는 한적한 새벽의 모습을 상상하기 쉽겠지만, 서울대학교 의과대학은 서울대학교병원과 바로 맞닿아 있기에 이른 새벽이나 늦은 밤에 학교를 걷다 보면 환자와 보호자 그리고 의사들을 어렵지 않게 만날 수 있다.

소아 수술실 앞, 얼마 전까지 아기가 빨고 있었을 '쪽쪽이'를 손가락에 걸고서 두 눈 꼭 감고 기도하던 한 엄마. 늦은 밤 병원 앞 주차장, 차 안에서 아이 사진을 앞에 놓고서 생일 축하 노래를 부르던 한 가족. 새벽 두 시, 소아응급실 앞에서 엉엉 울고 있는 아이를 꼭 안고서 "괜찮아, 괜찮아" 되뇌며 조용히 눈물 흘리던 한 아빠. 소아 중환자실 앞 대기실 바닥에 주저앉아 오열하던 한 부모님, 그리고 중환자실 안에서 아이를 둘러싸고 최선을 다해 끝까지 소생술을 하시던 교수님들.

교과서에서 글자로 만나던 환자와 보호자는 환자와 보호자이기 이전에 누군가의 부모이자 자녀였다. 아직 햇병아리 의학도라 그 무엇도 실질적으로 하지는 못하지만, 그저 그분들 곁을 지키고 싶다는 마음에 조용히 옆 벤치에 앉아 날이 밝아올 때까지 가만히 자리를 지켰던 적이 있다. 어두운 장막이 짙은 남색이 되고, 붉은빛이 올라와 이내 하얗게 밝아올 때까지 가만히 옆에 앉아 있다 보면 말로 표현할 수 없는 무언가가 느껴졌다.

삶과 죽음 사이는 마치 새벽 같다. 삶이 밝은 낮이고 죽음이 어두운 밤이라면, 환자는 노을 지는 황혼 속을 걸으며 곧 다가올 어두운 밤을 두려워한다. 그렇기에 의사는 환자와 보호자에게 동트기 전이 가장 어둡다는 사실을, 그러니 이 밤은 언제까지고 영원하지는 않을 것이고, 언젠가 어두운 장막이 걷히고 새벽이 찾아올 것이라는 희망과 삶의 이유를 그들에게 심어주며, 곧이어 다시금 새로운 삶의 태양이 떠오를 때까지 칠흑 같은 밤을 함께 지새우며 그들 곁을 지켜주어야 하는 존재이지 않을까.

날이 밝아올 때까지 가만히 옆 벤치에서 자리를 지키며 내가 느꼈던 건 이런 감정이었다. 결국, 삶의 마지막을 향해 가는 이들의 곁을 끝까지 지키는 사람은 바로 의사다. 그렇다면 그들에게 내가 안겨줄 수 있는 건 무엇일까. 삶의 밑바닥에 가라앉아 있는 그들 곁에 풀썩 같이 누워, 저 밤하늘의 별을 함께 올려다보는 것 아닐까. 마지막 순간까지 당신은 혼자가 아니며 함께 밤하늘의 별을 바라보는 존재가 곁에 있음을 알려주는 것, 그것이 삶과 죽음 사이에 선 환자에게 의사가 줄 수 있는 유일한 것이 아닐까?

언젠가 운명과 숙명의 차이에 대한 글을 본 적이 있다. 운명과 숙명 모두 브레이크가 없는 전차라는 점은 유사하지만, 차이가 있다면 운명은 방향키가 있어 의지가 있다면 바꿀 수 있고, 숙명은 방향키가 없어 바꿀 수 없다는 것이다.

우리가 모두 언젠가 죽음을 마주하게 될 것은 숙명이지만, 죽음까지의 삶의 과정을 무엇으로 채워나갈지는 운명이다. 마지막 날숨을 내쉬는 순간까지도 죽어가는 것이 아니라 그 순간만큼은 분명 살아 있음을 온몸으로 느낄 수 있게 해주는 것. 그것이 삶과 죽음 사이에서 내가, 의사가, 서 있는 이유 아닐까.

설사 내가 죽어가고 있더라도 실제로 죽기 전까지는 나는 여전히 살아 있다(Even if I'm dying, until I actually die, I am still living). 우리는 죽어가는 대신 계속 살아가기로 다짐했다(We would carry on living, instead of dying).

—『숨결이 바람 될 때: 서른여섯 젊은 의사의 마지막 순간』에서

의대생의 고민 노트 #4

오늘, 병원을 나서며…

[생각 하나]

삶과 죽음의 문제에 좀더 집중한 시간이었습니다. 의사로서 몇 년 뒤에 마주하게 될지도 모르는 질문이 가슴속에 커다란 물음표로 자리하고 있기 때문입니다.

의사의 역할이 단지 사람을 살리는 것이라면, 모두가 필연적으로 죽음을 맞이할 수밖에 없는 현실 속에서 모든 의사는 미션을 실패할 수밖에 없는 숙명이지 않을까요? 단순히 살리는 것 너머의 무언가가 더 있을 것이라는 근거 없는 확신을, 저는 여전히 저버릴 수가 없습니다.

[생각 둘]

삶이 밝은 낮이고 죽음이 어두운 밤이라면, 환자는 노을 지는 황혼 속을 걸으며 곧 다가올 어두운 밤을 두려워하고 있을 것입니다.

그렇기에 의사는 환자와 보호자에게 동트기 전이 가장 어둡다는 사실을, 그러니 이 밤은 언제까지고 영원하지는 않을 것이고, 언젠가 새벽이 찾아올 것이라는 희망과 삶의 이유를 그들에게 심어주어야겠지요.

[생각 셋]

〈9장〉과 〈10장〉에서 살펴본 일곱 가지 사례는 어느 하나 쉽게 답할 수 없습니다. 의사는 선한 의도로 환자에게 최선의 이익이 될 만한 선택을 내리기 위해 애쓰지만, 그 의도만으로 선행이 되지는 않음을 재차 강조했습니다.

완전히 환자의 자율성만을 따르는 것도, 보호자의 요청을 따르는 것도, 사회적 통념을 따르는 것도 전부 정답은 아니기에, 오늘 지나 내일도 저의 고민은 또다시 새롭게 펼쳐질 것 같습니다.

--------● 생각 더하기 ●---------

환자를 살리는 것만이 정답일까요?
만일 내가 의사라면, 어떠한 기준에서 '판단'을 해야 할까요?
궁극적으로, 의사의 역할은 무엇일까요?

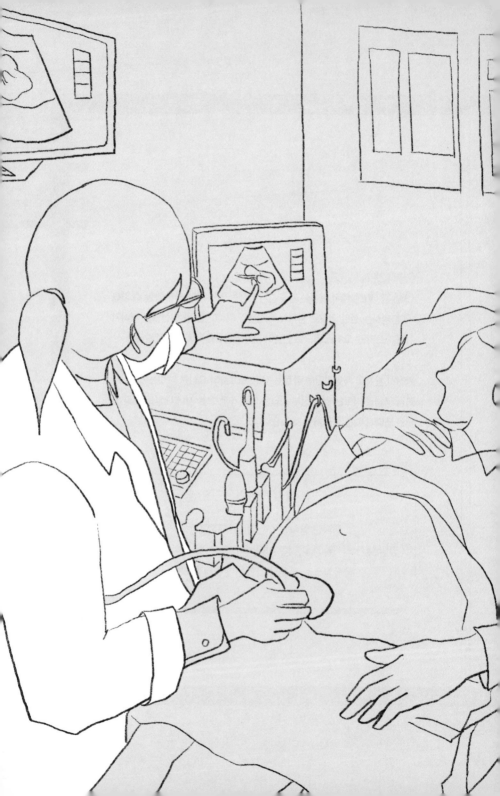

무엇이 인간을 인간답게 하는가?

"약은 질병을 치료할 수 있지만, 환자는 의사만이 치료할 수 있다."

— 칼 융(의사·심리학자)

4차 산업혁명이라는 단어도 이제 식상한 요즘, 대신 글을 지어주거나 PPT 자료를 만드는 인공지능은 물론, 이제는 무려 인공지능 화가나 작곡가까지 등장했다. 이러다가는 의사마저 인공지능으로 대체될 것이라는 불안도 있다.

이 불안을 잠재우기 위해서는 인공지능 의사가 절대로 대체하지 못할, 인간 의사만이 가진 능력을 알아야만 한다. 가장 쉽게 나오는 답변은 감정이다. 인공지능 의사는 감정을 느끼지 못하기에, 환자에게 따뜻한 공감을 할 수 있는 건 인간 의사뿐이라는 것이다.

하지만 이는 오답이다. 실제로 2023년, 국제 학술지 『심리학의 프론티어 Frontiers in Psychology』에 발표된 「감정 인식 평가에서 인간을 능가하는 챗GPT」라는 제목의 연구 보고서에 따르면 상대방의 감정을 정확히 읽어내는 능력은 인공지능이 인간을 이미 훌쩍 뛰어넘었다고 한다. 따라서 상대방의 감정을 읽고서 그에 맞는 적절한 반응으로 환자에게 따뜻하게 공감하는 건 어쩌면 심리학을 학습시킨 인공지능 의사가 인간 의사보다 더 뛰어날지도 모른다.

인공지능 의사가 따뜻하게 공감할 수 있어도, 감정을 직접 느끼지는 못하므로 인간 의사를 대체할 수 없다고 주장할 수는 있다. 하지만 생각해보면, 사실 타인이 감정을 느낀다는 걸 우리는 타인의 표정과 반응을 보고 추정할 뿐이다. 실제로 타인의 감정이 이마에 쓰여 있는 건 아니지 않은가.

따라서 인공지능 의사가 인간 의사처럼 적절한 표정을 짓고 반응한다면 외부에서 보았을 때, 인공지능 의사가 감정을 느낀다고 믿을 수밖에 없을 것이다. 더 나아가, 강인공지능 Strong AI, 즉 대화를 통해 상대가 인간인지 인공지능인지 구분이 불가할 수준의 인공지능이 개발되고, 인공지능을 구동할 기계에 사람과 똑같은 질감의 피부와 온기, 표정과 몸짓을 설정하기만 한다면, 감정 측면에서 인공지능 의사가 인간 의사보다 뒤처질 일은 없다.

그렇다면 인간 의사만이 가진 능력은 무엇일까? 두 번째로 많이 나오는 답변은 '틀 밖에서 사고하는 능력'이다. 아무리 인공지능이 창의력이 있어서 그림을 그리고 작곡도 하더라도, 인공지능은 그 본질상 무에서 유를 창조할 수는 없으며, 학습시킬 때 투입되는 데이터베이스 내에서만 사고할 수 있다. 따라서 인공지능은 그 틀 밖에서 사고하는 능력이 없을 수밖에 없다는 것이다.

일견 맞는 말이다. 그러나 이것이 인간 의사와의 차이점이 되지는 않는다. 틀 밖에서 사고할 수 있다고 자신하는 인간마저도, 실은 태어나서 지금까지 겪은 경험을 바탕으로 사고할 수밖에 없지 않은가. 이를테면 지금 당장 머릿속으로 6차원 세계를 그려보라. 불가능하지 않은가. 우리는 가로, 세로, 높이의 축밖에 없는 3차원 공간, 혹은 '시간 축'을 설정해도 기껏해야 4차원에서 살고 있으므로, 우리가 경험하는 세계 너머의 고차원의 세계는 상상할 수 없다.

그렇다면 대체 무엇이 답일까? 답은 없고, 모든 인간 의사는 결국 인공지능 의사로 대체될 숙명인가? 사람마다 답은 다르겠지만 나는 절대 대체될 수 없다고 자신한다. 이 책의 처음부터 끝까지가 전부 그러한 확신에 대한 이유다.

정확하게 진단하고 올바르게 치료하며 따뜻하게 공감하는 것은 물론 의사가 할 중요한 일이지만, 그것이 전부는 아니다. 의사라면 이 책에서 지금껏 다뤘던 무수한 딜레마 상황들과 직면하는 순간이 오기 마련이다. 물론 법으로는 정해진 답이 있을 수 있겠으나, 법이 언제나 정답은 아니다.

열 장에 걸쳐 이 책에서 다룬 근원적인 질문들, 무엇이 선행인지, 누구를 도울 것인지, 어떻게 할 것인지, 그래서 결국 살릴 것인지에 대해 의사는 언제나 고민하고 선택해야 한다. 무수한 딜레마 상황 속에서 환자 입장, 보호자 입장, 공동체 입장, 의학적 입장에 관해 최선을 다해 고민하고, 캄캄한 고뇌의 늪에서 한 줄기 답을 찾으며, 그 판단의 결과인 삶과 죽음이라는 무게를 겸허히 짊어지는 것은 오직 인간 의사만이 할 수 있다. 오답과 오답 중 답을 찾아내야만 하는 흰 가운의 무게는, 형체가 없는 인공지능 의사가 지기에 너무 무겁지 않겠는가.

의학은 딜레마투성이다. 판단의 권한과 동시에 판단의 의무를 지는 의사가 느끼기에 딜레마투성이인 의학이 답답하게만 느껴질 수도 있다. 사실 이런 생각 때문에, 모호하고 답이 없는 고민을 제쳐두고 판단을 전부 법에만 맡기게 될 수도 있다.

그렇지만 어쩌면 이 딜레마의 늪이야말로 오로지 인간 의사만이 헤쳐 나갈 수 있는, 인간을 가장 인간답게 만들어주는 요소일지 모른다. 그렇기에 의학도라면, 혹은 이미 의사가 됐거나 의사를 꿈꾸는 청소년이라면 이 책의 질문들에 답하기 위해 고민에 고민을 거듭하며 몇 번의 밤 정도는 새워야 하지 않을까 싶다.

햇병아리 의학도가 얼마 후 걸칠 흰 가운의 무게를 버티기 위해서 쓰기 시작한 이 책이 당신에게 물음표 하나 정도는 남길 수 있기를. 정답이 없는 세상에서 나의 답은 무엇일지 고민하는 불씨 하나 정도는 지필 수 있기를. 혹자에게는 당신과 비슷한 고민을 하는 누군가가 또 있다는 위로를 안겨줄 수도 있기를 바라며, 책의 첫 문장을 쓰기 시작했던 그 마음 그대로 글을 마무리하려 한다.

선택의 갈림길에 서서 잠 못 이루는 밤이면, 칠흑 같은 고뇌의 어둠 속에서 가만히 책을 펼쳐 들고 한 장 한 장 넘기다 어느 새 고요히 밝아온 내일을 맞을 수 있기를. 이 책이 당신에게 새 벽과 같은 존재가 되기를 간절히 바란다.

2024년 어느 여름밤,

김규민